Bildwörterbuch

PONS

NIEDERLÄNDISCH
DEUTSCH
NEDERLANDS
DUITS

PONS GmbH
Stuttgart

INHALT
INHOUD

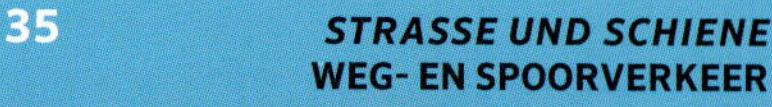

35 *STRASSE UND SCHIENE*
WEG- EN SPOORVERKEER

9 *FAMILIE UND FREUNDSCHAFT*
FAMILIE EN VRIENDSCHAP

47 *ESSEN UND TRINKEN*
ETEN EN DRINKEN

15 *WOHNUNG UND HAUSHALT*
WONING EN HUISHOUDEN

63 *GESUNDHEIT UND KÖRPERPFLEGE*
GEZONDHEID EN LICHAAMSVERZORGING

79 ***ARBEIT UND KOMMUNIKATION***
WERK EN COMMUNICATIE

93 ***KLEIDUNG***
KLEDING

99 ***NOTDIENSTE***
NOODDIENSTEN

103 ***GELD, ZAHLEN UND ZEIT***
GELD, GETALLEN EN TIJD

118 ***INDEX NIEDERLÄNDISCH***
INDEX NEDERLANDS

127 ***INDEX UND AUSSPRACHE DEUTSCH***
INDEX EN UITSPRAAK DUITS

***FAMILIE UND FREUNDSCHAFT* – FAMILIE EN VRIENDSCHAP** **9**
Die Familie – De familie 10
Beziehungen – Relaties 12

***WOHNUNG UND HAUSHALT* – WONING EN HUISHOUDEN** **15**
Die Wohnung – De woning 16
Das Haus – Het huis 18
Das Wohnzimmer – De woonkamer 20
Das Esszimmer – De eetkamer 21
Die Küche – De keuken 22
Das Schlafzimmer – De slaapkamer 25
Das Kinderzimmer – De kinderkamer 26
Das Badezimmer – De badkamer 27
Die Waschküche – De bijkeuken 28
Reinigungsartikel – Schoonmaakartikelen 29
Die Heimwerkstatt – De gereedschapskamer 30
Strom und Heizung – Elektriciteit en verwarming 33
Der Garten – De tuin 34

***STRASSE UND SCHIENE* – WEG- EN SPOORVERKEER** **35**
Straßen und Verkehr – Wegen en verkeer 36
Das Auto – De auto 39
Der Bus – De bus 44
Das Fahrrad – De fiets 45
Der Zug – De trein 46

***ESSEN UND TRINKEN* – ETEN EN DRINKEN** **47**
Tierische Produkte – Dierlijke producten 48
Gemüse – Groenten 50
Obst – Fruit 53
Würzmittel und Soßen – Kruiden en sauzen 55
Brot – Brood 56
Getränke – Dranken 57
Das Fastfood – De snelle hap 58
Geschirr und Besteck – Servies en bestek 59
Die Ernährung – De voeding 60
Der Supermarkt – De supermarkt 61

***GESUNDHEIT UND KÖRPERPFLEGE* – GEZONDHEID EN LICHAAMSVERZORGING** **63**
Der Körper – Het lichaam 64
Die Hand und der Fuß – De hand en de voet 66
Das Gesicht – Het gezicht 67
Die inneren Organe – De inwendige organen 68
Schwangerschaft und Geburt – Zwangerschap en bevalling 69
Der Arztbesuch – Bij de dokter 70
Symptome und Krankheiten – Symptomen en aandoeningen 71
Behinderungen – Handicaps 73
Verletzungen – Verwondingen 74
Die Apotheke – De apotheek 76
Die Körperpflege – De lichaamsverzorging 78

***ARBEIT UND KOMMUNIKATION* - WERK EN COMMUNICATIE** **79**
Die Arbeitswelt - Het beroepsleven 80
Der Computer - De computer 84
Das Internet - Het internet 88
Mobile Endgeräte - Mobiele apparaten 89
Das Telefon - De telefoon 90
Die Post - De post 91

***KLEIDUNG* - KLEDING** **93**
Babysachen - Babyspullen 94
Herrenkleidung - Herenkleding 95
Damenkleidung - Dameskleding 96
Accessoires - Accessoires 97
Schuhe und Lederwaren - Schoenen en lederwaren 98

***NOTDIENSTE* - NOODDIENSTEN** **99**
Erste Hilfe - Eerste hulp 100
Die Polizei - De politie 101
Die Feuerwehr - De brandweer 102

***GELD, ZAHLEN UND ZEIT* - GELD, GETALLEN EN TIJD** **103**
Die Bank - De bank 104
Die Zahlen - De getallen 106
Die Zeit - De tijd 112
Maße - Maten 116

***INDEX NIEDERLÄNDISCH* - INDEX NEDERLANDS** **118**

***INDEX UND AUSSPRACHE DEUTSCH* - INDEX EN UITSPRAAK DUITS** **127**

HINWEISE ZUR BENUTZUNG DES WÖRTERBUCHS

Mit den 1.500 nützlichsten Wörtern ist dieses Wörterbuch im täglichen Leben Ihr idealer Begleiter. Hier die wichtigsten Tipps, wie Sie den größten Nutzen aus dem Buch ziehen:

1. Schnell übersetzen

Dieses Wörterbuch ist nach den neun wichtigsten Themenfeldern aus dem Alltagsleben gegliedert. Ob im Haushalt, unterwegs oder im Beruf: Blättern Sie zum relevanten Kapitel und schon haben Sie die Wörter, die Sie brauchen, auf einen Blick. Sie suchen ein ganz bestimmtes Wort? Schlagen Sie einfach hinten im alphabetischen Index nach.

2. Richtig aussprechen

Damit Sie jedes Wort richtig aussprechen, haben wir allen Wörtern und Sätzen eine Lautschrift beigefügt. Die niederländische Lautschrift steht im Wörterbuchteil unmittelbar neben dem Wort. Die deutsche Lautschrift finden Sie im alphabetischen Index. Eine Übersicht über die niederländischen und deutschen Phonetikzeichen finden Sie jeweils auf der ersten und der letzten Seite des Buches.

3. Ganz ohne Worte

Sollten Ihnen doch mal die Worte fehlen, zeigen Sie einfach auf das entsprechende Bild. So können Sie sich überall auf der Welt ganz ohne Sprache verständigen.

Das sollten Sie noch wissen

Die Stichwörter in diesem Wörterbuch stehen immer in der Einzahl, es sei denn sie werden in der Regel nur in der Pluralform verwendet. Niederländische Pluralformen sind mit (pl) gekennzeichnet.

Es war uns wichtig, bei Funktions- und Berufsbezeichnungen Männer und Frauen gleichermaßen und gleichberechtigt zu berücksichtigen. Da wir aber aus Platzgründen nicht immer beide Geschlechter gleichzeitig abbilden können, haben wir uns immer für eines entscheiden müssen. Dabei orientiert sich das Geschlecht des Wortes immer am Geschlecht der abgebildeten Figur.

AANWIJZINGEN VOOR HET GEBRUIK VAN DIT WOORDENBOEK

Met 1.500 woorden bestrijkt dit naslagwerk alle terreinen van het dagelijks leven. Hier de belangrijkste tips om zoveel mogelijk uit dit woordenboek te halen:

1. Snel de vertaling vinden

Het woordenboek is ingedeeld in negen centrale thema's uit het leven van alledag. Of het nu om huishouden gaat, om reizen of om werken: u hoeft alleen maar het betreffende hoofdstuk op te slaan: daar staan alle woorden die u nodig heeft, op een rijtje.

2. De correcte uitspraak

Om ervoor te zorgen dat u elk woord juist uitspreekt, hebben we bij elk woord en bij elke zin de fonetische notatie geplaatst. Achter elk lemma staat tussen vierkante haken genoteerd hoe je het in het Nederlands uitspreekt. De Duitse uitspraak is te vinden in de alfabetische index. Op de eerste en laatste bladzijde van het boek staan alle gebruikte fonetische symbolen handig op een rijtje.

3. In noodgevallen

Weet u even niet hoe u iets moet zeggen, wijs dan gewoon het plaatje aan waarop staat afgebeeld wat u bedoelt. De afbeeldingen zorgen ervoor dat u zonder taal duidelijk kunt maken wat u wilt zeggen - waar ook ter wereld.

Goed om te weten

De woorden in dit woordenboek staan altijd in het enkelvoud, tenzij ze alleen in het meervoud worden gebruikt. Nederlandse meervoudsvormen zijn aangegeven met de afkorting (pl).

Het liefst hadden we bij elke beroeps- en functieaanduiding zowel de vrouwelijke als de mannelijke variant opgegeven. Door ruimtegebrek was dit echter niet mogelijk. Waar een keuze noodzakelijk was, heeft het geslacht van de afgebeelde persoon de doorslag gegeven.

FAMILIE UND FREUNDSCHAFT
FAMILIE EN VRIENDSCHAP

DIE FAMILIE – DE FAMILIE

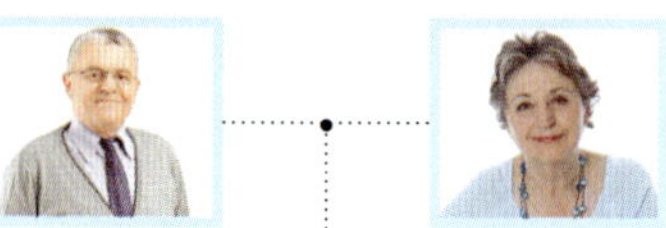

der Schwiegervater
de **schoonvader**
[ˈsχonvadər]

die Schwiegermutter
de **schoonmoeder**
[ˈsχomudər]

die Schwägerin
de **schoonzus**
[ˈsχonzœs]

der Schwager
de **zwager**
[ˈzwaχər]

der Ehemann
de **man**
[mɑn]

die Ehefrau
de **vrouw**
[vrɑu]

der Schwiegersohn
de **schoonzoon**
[ˈsχonzon]

die Tochter
de **dochter**
[ˈdɔχtər]

der Sohn
de **zoon**
[zon]

der Enkel
de **kleinzoon**
[ˈklɛinzon]

die Enkelin
de **kleindochter**
[ˈklɛindɔχtər]

DIE FAMILIE – DE FAMILIE

der Großvater
de **grootvader**
[ˈχrotvadər]

die Großmutter
de **grootmoeder**
[ˈχrotmudər]

die Mutter
de **moeder**
[ˈmudər]

der Vater
de **vader**
[ˈvadər]

die Tante
de **tante**
[ˈtɑntə]

der Onkel
de **oom**
[om]

die Schwester
de **zus**
[zœs]

der Bruder
de **broer**
[brur]

die Cousine
de **nicht**
[nɪχt]

die Nichte
de **nicht**
[nɪχt]

der Neffe
de **neef**
[nef]

BEZIEHUNGEN – RELATIES

das Baby
de **baby**
[ˈbebi]

das Kind
het **kind**
[kɪnt]

die Jugendliche
de **jongere**
[ˈjɔŋərə]

die Zwillinge
de **tweeling**
[ˈtwelɪŋ]

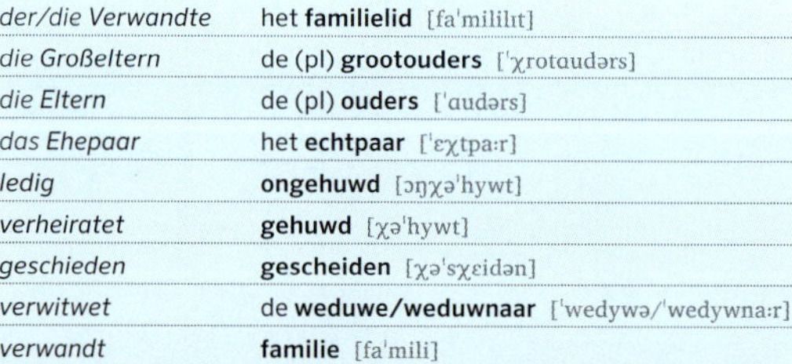

der/die Verwandte	het **familielid** [faˈmililɪt]
die Großeltern	de (pl) **grootouders** [ˈχrotaudərs]
die Eltern	de (pl) **ouders** [ˈaudərs]
das Ehepaar	het **echtpaar** [ˈɛχtpa:r]
ledig	**ongehuwd** [ɔŋχəˈhywt]
verheiratet	**gehuwd** [χəˈhywt]
geschieden	**gescheiden** [χəˈsχɛidən]
verwitwet	de **weduwe/weduwnaar** [ˈwedywə/ˈwedywna:r]
verwandt	**familie** [faˈmili]

die Frau
de **vrouw**
[vrau]

Frau …
mevrouw
[məˈvrau]

das Paar
het **stel**
[stɛl]

die Freundin
de **vriendin**
[vrɪnˈdɪn]

der Freund
de **vriend**
[vrint]

Herr …
meneer
[məˈne:r]

der Mann
de **man**
[man]

der Junge
de **jongen**
['jɔŋən]

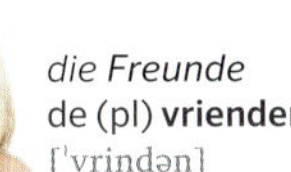

das Mädchen
het **meisje**
['mɛiʃə]

die Freunde
de (pl) **vrienden**
['vrindən]

jemanden vorstellen
iemand voorstellen
['imant 'vo:rstɛlən]

jemanden begrüßen
iemand begroeten
['imant bə'χrutən]

sich die Hand geben
elkaar een hand geven
[ɛl'ka:r ən hant 'χevən]

sich verbeugen
een buiging maken
[ən 'bœyχɪŋ 'makən]

sich umarmen
elkaar omhelzen
[ɛl'ka:r ɔm'hɛlzən]

der/die Bekannte
de **bekende**
[bə'kɛndə]

die Geschwister	de (pl) **broer(s) en zus(sen)** [brur(s) ɛn 'zœs(ən)]
der Patenonkel	de **peetoom** ['petom]
die Patentante	de **peettante** ['petantə]
der Stiefvater	de **stiefvader** ['stifadər]
die Stiefmutter	de **stiefmoeder** ['stifmudər]
der Stiefbruder	de **stiefbroer** ['stifbrur]
die Stiefschwester	de **stiefzuster** ['stifzœstər]
der Nachbar	de **buurman** ['by:rman]
die Nachbarin	de **buurvrouw** ['by:rvrau]

BEZIEHUNGEN – RELATIES

jemandem einen Kuss geben
iemand een zoen geven
['imɑnt ən zun 'χevən]

sich verabschieden
afscheid nemen
['ɑfsχɛit 'nemən]

winken
zwaaien
['zwajən]

lachen
lachen
['lɑχən]

weinen
huilen
['hœylən]

jemanden anrufen
iemand bellen
['imɑnt 'bɛlən]

das kleine Geschenk
het **cadeautje**
[ka'docə]

die Hochzeit
de **bruiloft**
['brœylɔft]

der Geburtstag
de **verjaardag**
[vər'ja:rdɑχ]

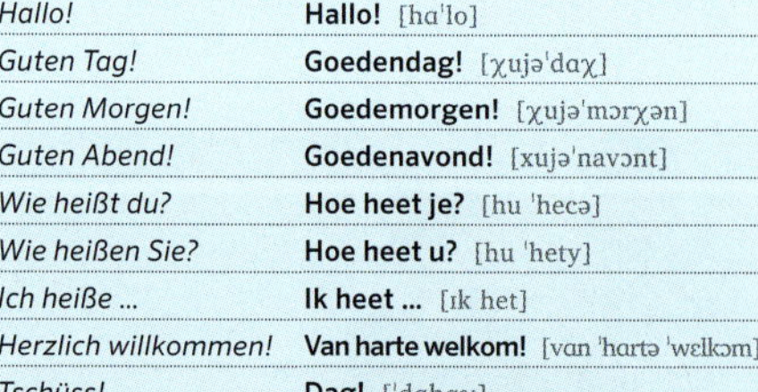

Hallo!	**Hallo!** [hɑ'lo]
Guten Tag!	**Goedendag!** [χujə'dɑχ]
Guten Morgen!	**Goedemorgen!** [χujə'mɔrχən]
Guten Abend!	**Goedenavond!** [xujə'navɔnt]
Wie heißt du?	**Hoe heet je?** [hu 'hecə]
Wie heißen Sie?	**Hoe heet u?** [hu 'hety]
Ich heiße ...	**Ik heet ...** [ɪk het]
Herzlich willkommen!	**Van harte welkom!** [vɑn 'hɑrtə 'wɛlkɔm]
Tschüss!	**Dag!** ['dɑhɑχ]
Auf Wiedersehen!	**Tot ziens!** [tɔtsins]

WOHNUNG UND HAUSHALT
WONING EN HUISHOUDEN

DIE WOHNUNG – DE WONING

das Einfamilienhaus
het **vrijstaand huis**
[ˈvrɛistant hœys]

das Mehrfamilienhaus
de **meergezinswoning**
[me:rχəˈzɪnswonɪŋ]

der Briefkasten
de **brievenbus**
[ˈbrivəbœs]

die Türklingel
de **deurbel**
[ˈdø:rbɛl]

die Sprechanlage
de **intercom**
[ˈɪntərkɔm]

die Hausnummer
het **huisnummer**
[ˈhœysnœmər]

der Hausschlüssel
de **huissleutel**
[ˈhœysløtəl]

das Türschloss
het **deurslot**
[ˈdø:rslɔt]

der Fußabtreter
de **deurmat**
[ˈdø:rmat]

die Eigentumswohnung	de **koopwoning** [ˈkopwonɪŋ]
die Mietwohnung	de **huurwoning** [ˈhy:rwonɪŋ]
der Hof	de **binnenplaats** [ˈbɪnəplats]
das Eigentum	het **eigendom** [ˈɛiχədɔm]
das Grundstück	het **perceel** [pɛrˈsel]
der Umbau	de **verbouwing** [vərˈbauwɪŋ]
der Anbau	de **aanbouw** [ˈambau]
zu verkaufen	**te koop** [tə kop]

der Hausmeister
de **huismeester**
['hœysmestər]

der Dachboden
de **zolder**
['zɔldər]

der Keller
de **kelder**
['kɛldər]

der Flur
de **gang**
[χɑŋ]

der Aufzug
de **lift**
[lɪft]

die Garage
de **garage**
[χa'raʒə]

der Rauchmelder
de **rookmelder**
['rokmɛldər]

das Treppenhaus
het **trappenhuis**
['trɑpəhœys]

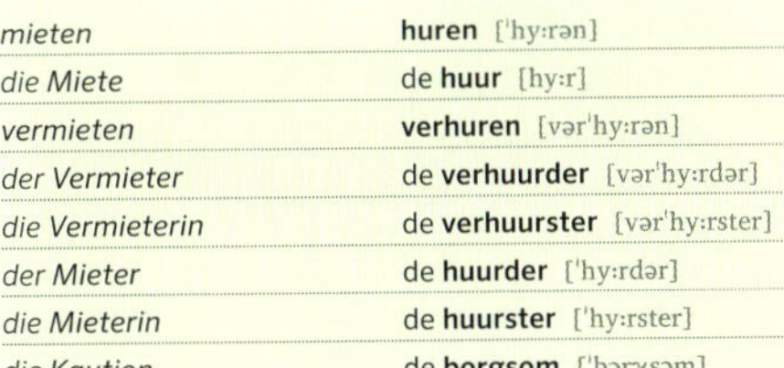

mieten	**huren** ['hy:rən]
die Miete	de **huur** [hy:r]
vermieten	**verhuren** [vər'hy:rən]
der Vermieter	de **verhuurder** [vər'hy:rdər]
die Vermieterin	de **verhuurster** [vər'hy:rster]
der Mieter	de **huurder** ['hy:rdər]
die Mieterin	de **huurster** ['hy:rster]
die Kaution	de **borgsom** ['bɔrχsɔm]

der Mietvertrag
het **huurcontract**
['hy:rkɔntrɑkt]

DAS HAUS – HET HUIS

das Dachfenster
het **dakraam**
['dakapɛl]

der Schornstein
de **schoorsteen**
['sχo:rsten]

die Dachrinne
de **dakgoot**
['dakχot]

der Dachziegel
de **dakpan**
['dakpan]

die Dachgaube
de **dakkapel**
['dakapɛl]

der erste Stock
de **eerste verdieping**
['e:rstə vər'dipɪŋ]

das Dach
het **dak**
[dak]

der Balkon
het **balkon**
[bal'kɔn]

die Türschwelle
de **drempel**
['drɛmpəl]

die Haustür
de **voordeur**
['vo:rdø:r]

das Fenster
het **raam**
[ram]

das Erdgeschoss
de **begane grond**
[bə'χanə χrɔnt]

die Terrasse
het **terras**
[tɛ'ras]

das Schlüsselbrett
het **sleutelrekje**
[ˈsløtəlrɛkjə]

der Kleiderhaken
het **kledinghaakje**
[ˈkledɪŋhakjə]

der Kleiderbügel
de **kleerhanger**
[kleːrhaŋər]

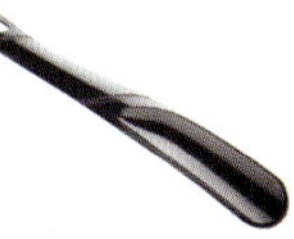

der Schuhlöffel
de **schoenlepel**
[ˈsχunlepəl]

das Bücherregal
de **boekenkast**
[ˈbukəkast]

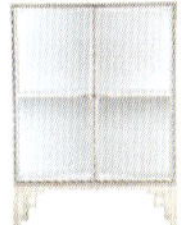

die Vitrine
de **vitrine**
[viˈtrinə]

die Fernsehbank
het **televisiemeubel**
[teləˈvizimøbəl]

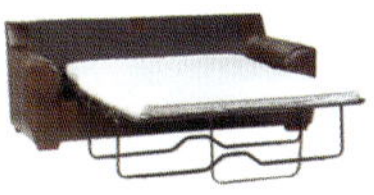

die Schlafcouch
de **slaapbank**
[ˈslabaŋk]

die Blumenvase
de **bloemenvaas**
[ˈbluməvas]

die Anrichte
het **buffet**
[bœˈfɛt]

der Hochstuhl
de **kinderstoel**
[ˈkɪndərstul]

die Wanduhr
de **wandklok**
[ˈwantklɔk]

DAS WOHNZIMMER – DE WOONKAMER

der Spiegel
de **spiegel**
[ˈspiχəl]

der Vorhang
het **gordijn**
[χɔrˈdɛin]

der Ventilator
de **ventilator**
[vɛntiˈlatɔr]

die Decke
het **plafond**
[plaˈfɔn]

das Sofa
de **bank**
[baŋk]

die Lampe
de **lamp**
[lamp]

der Beistellschrank
het **bijzetkastje**
[ˈbɛizɛtkaʃə]

der Kamin
de **open haard**
[ˈopə haːrt]

der Sessel
de **leunstoel**
[ˈlønstul]

der Couchtisch
de **salontafel**
[saˈlɔntafəl]

der Teppichboden
de **vaste vloerbedekking**
[ˈvastə ˈvluːrbədɛkɪŋ]

DAS ESSZIMMER – DE EETKAMER

das Rollo
het **rolgordijn**
[ˈrɔlχɔrdɛin]

der Kronleuchter
de **kroonluchter**
[ˈkronlœχtər]

die Tischdekoration
de **tafeldecoratie**
[ˈtafəldekɔratsi]

die Kerze
de **kaars**
[ka:rs]

die Zimmerpflanze
de **kamerplant**
[ˈkamərplɑnt]

das Fensterbrett
de **vensterbank**
[ˈvɛnstərbɑŋk]

der Esstisch
de **eettafel**
[ˈetafəl]

der Tischläufer
de **tafelloper**
[ˈtafəlopər]

der Stuhl
de **stoel**
[stul]

die Vitrine
de **vitrine**
[viˈtrinə]

der Holzboden
de **houten vloer**
[ˈhɑutə vlu:r]

DIE KÜCHE – DE KEUKEN

die Einbauküche
de **inbouwkeuken**
[ˈɪmbaukøkən]

die Spülmaschine
de **vaatwasser**
[ˈvatwasər]

die Arbeitsplatte
het **aanrecht**
[ˈanrəχt]

der Hängeschrank
het **hangend keukenkastje**
[ˈhaŋənt ˈkøkəkaʃə]

die Dunstabzugshaube
de **afzuigkap**
[ˈavzœyχkap]

der Herd
het **fornuis**
[fɔrˈnœys]

der Backofen
de **oven**
[ˈovən]

das Spülbecken
de **gootsteen**
[ˈχotsten]

der Küchenhocker
de **keukenkruk**
[ˈkøkəkrœk]

die Schublade
de **la**
[la]

der Gefrierschrank
de **diepvriezer**
[ˈdipvrizər]

der Kühlschrank
de **koelkast**
[ˈkulkast]

DIE KÜCHE – DE KEUKEN

die Mikrowelle
de **magnetron**
[mɑχnəˈtrɔn]

der Mixer
de **blender**
[ˈblɛndər]

die Küchenmaschine
de **keukenmachine**
[køkəmaʃinə]

das Handrührgerät
de **handmixer**
[ˈhɑntmɪksər]

der Wasserkocher
de **waterkoker**
[ˈwatərkokər]

der Toaster
het **broodrooster**
[ˈbrotrostər]

die Küchenwaage
de **keukenweegschaal**
[ˈkøkəweχsχal]

der Reiskocher
de **rijstkoker**
[ˈrɛistkokər]

die Kaffeemaschine
de **koffiemachine**
[ˈkɔfimaʃinə]

das Küchenpapier
de **keukenrol**
[ˈkøkərɔl]

die Schürze
het **schort**
[sχɔrt]

das Backblech
het **bakblik**
[ˈbɑgblɪk]

DIE KÜCHE – DE KEUKEN

das Tablett
het **dienblad**
[ˈdimblɑt]

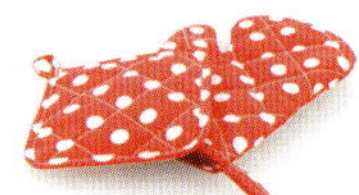

der Topfhandschuh
de **ovenwant**
[ˈovəwɑnt]

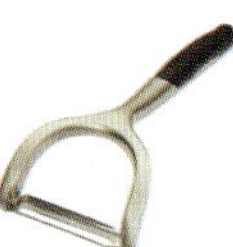

der Schäler
de **schiller**
[ˈsχɪlər]

das Schneidebrett
de **snijplank**
[ˈsnɛiplɑŋk]

das Küchenmesser
het **keukenmes**
[ˈkøkəmɛs]

das Küchensieb
de **zeef**
[zef]

der Dosenöffner
de **blikopener**
[ˈblɪkopənər]

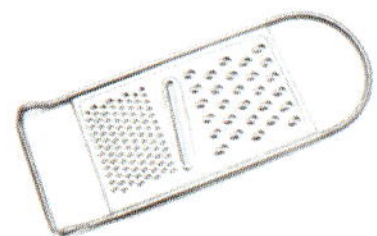

die Reibe
de **rasp**
[rɑsp]

der Kochlöffel
de **pollepel**
[ˈpɔlepəl]

die Bratpfanne
de **koekenpan**
[ˈkukəpɑn]

der Wok
de **wok**
[wɔk]

der Kochtopf
de **kookpan**
[ˈkokpɑn]

DAS SCHLAFZIMMER – DE SLAAPKAMER

das Doppelbett
het **tweepersoonsbed**
[twepɛrˈsonsbɛt]

das Kopfkissen
het **hoofdkussen**
[ˈhoftkœsən]

der Kissenbezug
het/de **kussensloop**
[ˈkœsəslop]

die Nachttischlampe
het **bedlampje**
[ˈbɛtlampjə]

die Kommode
de **ladekast**
[ˈladəkast]

die Bettdecke
het **dekbed**
[ˈdɛgbɛt]

das Laken
het **laken**
[ˈlakən]

der Teppich
het **tapijt**
[taˈpɛit]

der Hocker
de **poef**
[puf]

die Matratze
de/het **matras**
[maˈtras]

der Nachttisch
het **nachtkastje**
[ˈnaχkaʃə]

DAS KINDERZIMMER – DE KINDERKAMER

der Ball
de **bal**
[bal]

die Puppe
de **pop**
[pɔp]

die Wickeltasche
de **luiertas**
[ˈlœyərtas]

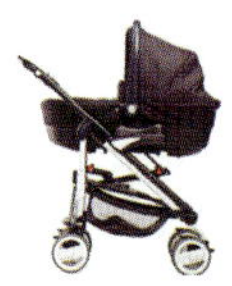

der Kinderwagen
de **kinderwagen**
[kındərwaχən]

das Babyfon®
de **babyfoon**
[bebiˈfon]

der Laufstall
de **box**
[bɔks]

das Töpfchen
het **potje**
[ˈpɔcə]

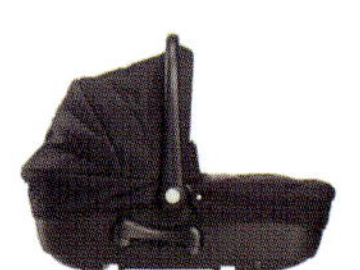

die Babytragetasche
de **reiswieg**
[ˈrɛiswiχ]

der Schulranzen
de **schoolransel**
[ˈsχolransəl]

das Bauklötzchen
het **bouwblokje**
[ˈbaublɔkjə]

der Babyschlafsack
de **babyslaapzak**
[ˈbebislapsak]

die Rassel
de **rammelaar**
[ˈraməlaːr]

DAS BADEZIMMER – DE BADKAMER

der Spiegel
de **spiegel**
[ˈspiχəl]

die Dusche
de **douche**
[duʃ]

das Waschbecken
de **wastafel**
[ˈwastafəl]

das Handtuch
de **handdoek**
[ˈhanduk]

der Wasserhahn
de **kraan**
[kran]

die Badewanne
de **badkuip**
[ˈbatkœyp]

die Toilette
de **wc**
[weˈse]

der Klostein
het **wc-blokje**
[weˈseblɔkjə]

das Toilettenpapier
het **wc-papier**
[weˈsepapiːr]

die Klobürste
de **wc-borstel**
[weˈsebɔrstəl]

DIE WASCHKÜCHE – DE BIJKEUKEN

die Waschmaschine
de **wasmachine**
[ˈwasmaʃinə]

der Fleckenentferner
de **vlekkenverwijderaar**
[ˈvlɛk(ə)vərwɛidəra:r]

der Weichspüler
de **wasverzachter**
[ˈwasfərzaχtər]

das Bleichmittel
het **bleekmiddel**
[ˈblekmɪdəl]

das Waschpulver
het **waspoeder**
[ˈwaspudər]

die Wäscheleine
de **waslijn**
[ˈwaslɛin]

die Wäscheklammer
de **wasknijper**
[ˈwasknɛipər]

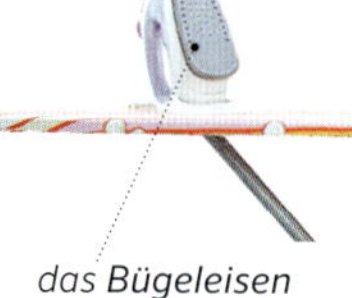

das Bügeleisen
het **strijkijzer**
[ˈstrɛikɛizər]

das Bügelbrett
de **strijkplank**
[ˈstrɛikplaŋk]

die Waschmaschine füllen	de **wasmachine vullen** [də ˈwasmaʃinə ˈvœlən]
die Wäsche waschen	de **was doen** [də waz dun]
die Wäsche schleudern	de **was centrifugeren** [də was sɛntrifyˈʒe:rən]
der Wäscheständer	het **droogrek** [ˈdroχrɛk]
der Wäschetrockner	de **wasdroger** [ˈwazdroχər]
der Schmutzwäschekorb	de **wasmand** [ˈwasmant]
die Wäsche zum Trocknen aufhängen	**de was te drogen hangen** [də was tə ˈdroχə ˈhaŋən]
bügeln	**strijken** [ˈstrɛikən]

REINIGUNGSARTIKEL – SCHOONMAAKARTIKELEN

das Reinigungsmittel
het **schoonmaakmiddel**
['sχomakmɪdəl]

das Spülmittel
het **afwasmiddel**
['afwasmɪdəl]

die Bürste
de **borstel**
['bɔrstəl]

der Schwamm
de **spons**
[spɔns]

die Sprühflasche
de **sproeifles**
['sprujflɛs]

der Gummiwischer
de **wisser**
['wɪsər]

die Kehrschaufel
het **blik**
[blɪk]

der Handfeger
de **stoffer**
['stɔfər]

der Wischmopp
de **zwabber**
['zwabər]

der Gummihandschuh
de **rubberhandschoen**
[rœbər'hantsχun]

der Eimer
de **emmer**
['ɛmər]

der WC-Reiniger
de **wc-reiniger**
[we'serɛinəχər]

DIE HEIMWERKSTATT – DE GEREEDSCHAPSKAMER

die Handsäge
de **handzaag**
[ˈhandzaχ]

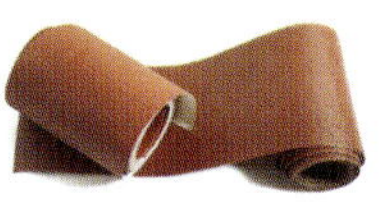

das Schleifpapier
het **schuurpapier**
[ˈsχy:rpapi:r]

das Teppichmesser
het **tapijtmes**
[taˈpɛitmɛs]

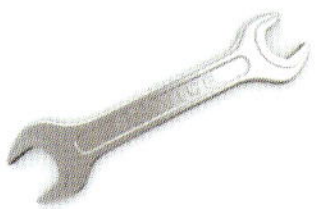

der Schraubenschlüssel
de **moersleutel**
[ˈmu:rsløtəl]

das Maßband
de **rolmaat**
[ˈrɔlmat]

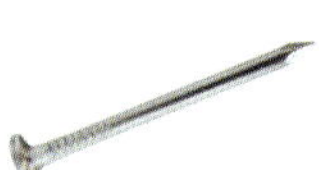

der Nagel
de **spijker**
[ˈspɛikər]

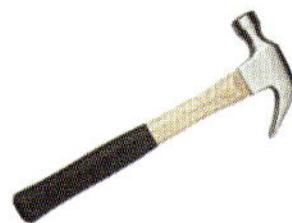

der Hammer
de **hamer**
[ˈhamər]

die Wasserwaage
de **waterpas**
[ˈwatərpɑs]

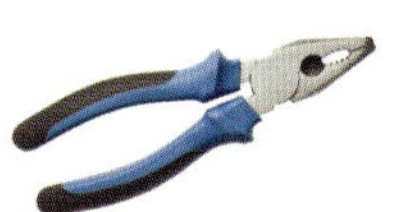

die Kombizange
de **combinatietang**
[kɔmbiˈnatsitɑŋ]

der Schraubenzieher
de **schroevendraaier**
[ˈsχruvədrajər]

die Schraube
de **schroef**
[sχruf]

die Mutter
de **moer**
[mu:r]

DIE HEIMWERKSTATT – DE GEREEDSCHAPSKAMER

der Akkubohrer
de **accuboormachine**
[ɑkyˈbo:rmaʃinə]

der Akku
de **accu**
[ˈɑky]

der Bohrer
de **boor**
[bo:r]

der Elektrobohrer
de **elektrische boormachine**
[eˈlɛktrisə ˈbo:rmaʃinə]

der Besen
de **bezem**
[ˈbezəm]

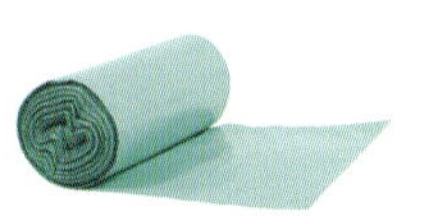

der Müllbeutel
de **vuilniszak**
[ˈvœylnəsɑk]

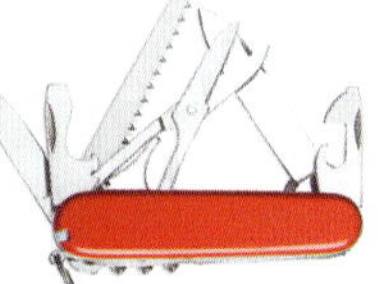

das Taschenmesser
het **zakmes**
[ˈzɑkmɛs]

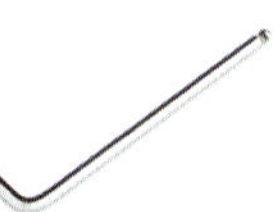

der Inbusschlüssel
de **inbussleutel**
[ˈɪmbœsløtəl]

DIE HEIMWERKSTATT – DE GEREEDSCHAPSKAMER

das Verdünnungsmittel
het **verdunningsmiddel**
[vər'dœnɪŋsmɪdəl]

der Flachpinsel
de **platte kwast**
['plɑtə kwɑst]

tapezieren
behangen
[bə'hɑŋən]

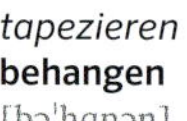

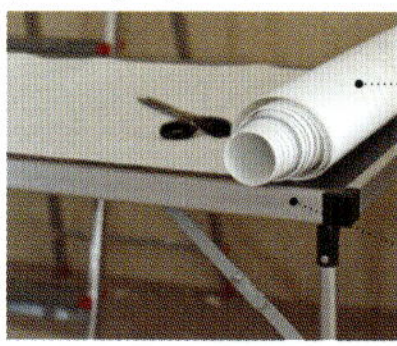

die Tapetenrolle
de **rol behang**
[rɔl bə'hɑŋ]

der Tapeziertisch
de **behangtafel**
[bə'hɑŋtafəl]

die Farbwanne
de **verfbak**
['vɛrfbɑk]

der/die Spachtel
het **plamuurmes**
[plɑ'my:rmɛs]

das Abdeckband
het **afplakband**
['ɑfplɑgbɑnt]

die Farbe
de **verf**
[vɛrf]

der Werkzeugkasten
de **gereedschapskist**
[χə'retsχɑpskɪst]

kacheln	**tegelen** ['teχələn]
verputzen	**bepleisteren** [bə'plɛistərən]
spachteln	**plamuren** [plɑ'my:rən]
die Tapete entfernen	**het behang verwijderen** [ət bə'hɑŋ vər'wɛidərən]
die Abdeckfolie	het/de **afdekfolie** ['ɑvdɛkfoli]
die Spachtelmasse	het/de **plamuur** [plɑ'my:r]
das Lösungsmittel	het **oplosmiddel** ['ɔplɔsmɪdəl]
das Versiegelungsmittel	het **voegmiddel** ['vuχmɪdəl]

STROM UND HEIZUNG – ELEKTRICITEIT EN VERWARMING

der Heizkörper
de **radiator**
[radiˈjatɔr]

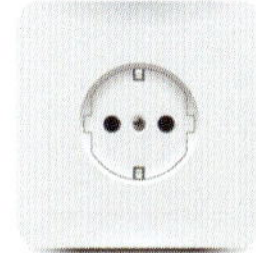

die Steckdose
het **stopcontact**
[ˈstɔpkɔntɑkt]

der Stecker
de **stekker**
[ˈstɛkər]

das Verlängerungskabel
het **verlengsnoer**
[vərˈlɛŋsnuːr]

die Sicherung
de **zekering**
[ˈzekərɪŋ]

der Stromzähler
de **elektriciteitsmeter**
[elɛktrisiˈtɛitsmetər]

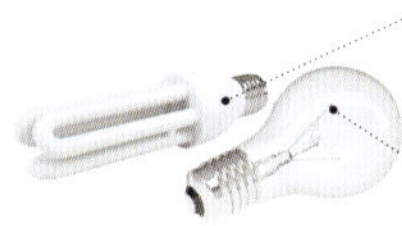

die Energiesparlampe
de **spaarlamp**
[ˈspaːrlɑmp]

die Glühbirne
de **gloeilamp**
[ˈχlujlɑmp]

die Heizung anschalten/ ausschalten	de **de verwarming aanzetten/uitzetten** [də vərˈwɑrmɪŋ ˈanzɛtən/ˈœytzɛtən]
die Solarheizung	de **zonneverwarming** [ˈzɔnəvərwɑrmɪŋ]
die Zentralheizung	de **centrale verwarming** [cɛnˈtralə vərˈwɑrmɪŋ]
die Fußbodenheizung	de **vloerverwarming** [ˈvluːrvərwɑrmɪŋ]
der Sicherungskasten	de **groepenkast** [ˈχrupəkɑst]
die Leitung	de **leiding** [ˈlɛidɪŋ]
der Adapter	de **adapter** [aˈdɑptər]

der Schalter
de **schakelaar**
[ˈsχakelaːr]

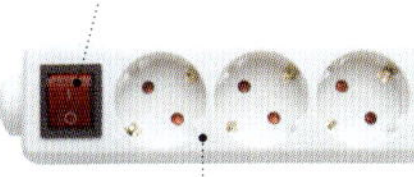

die Mehrfachsteckdose
de **stekkerdoos**
[ˈstɛkərdos]

DER GARTEN – DE TUIN

der Gartenschlauch
de **tuinslang**
[ˈtœynslɑŋ]

die Rosenschere
de **rozenschaar**
[ˈrozəsχa:r]

der Spaten
de **schop**
[sχɔp]

der Rechen
de **hark**
[ˈhɑr(ə)k]

der Rasenmäher
de **grasmaaier**
[ˈχrɑsmajər]

die Schubkarre
de **kruiwagen**
[ˈkrœywaχən]

den Rasen mähen
het gras maaien
[ət χrɑs ˈmajən]

Unkraut jäten
onkruid wieden
[ˈɔŋkrœyt ˈwidən]

zurückschneiden
terugsnoeien
[ˈtrœχsnujən]

düngen	**bemesten** [bəˈmɛstən]
ernten	**oogsten** [ˈoχstən]
züchten	**kweken** [ˈkwekən]
vermehren	**stekken** [ˈstɛkən]
gießen	**gieten** [ˈχitən]
der Sämling	de **zaailing** [ˈzailɪŋ]
der Dünger	de **mest** [mɛst]
der Unkrautvernichter	de **onkruidverdelger** [ˈɔŋkrœytvərdɛlχər]

STRASSE UND SCHIENE
WEG- EN SPOORVERKEER

STRASSEN UND VERKEHR – WEGEN EN VERKEER

① *die Straßenlaterne*
de **straatlantaarn**
['stratlantarən]

② *die Fußgängerampel*
het **voetgangerslicht**
['vutχaŋərslɪχt]

③ *der Bürgersteig*
het **trottoir**
[trɔ'twar]

④ *die Ampel*
het **verkeerslicht**
[vər'ke:rslɪχt]

⑤ *die Fahrspur*
de **rijbaan**
['rɛiban]

der Tunnel
de **tunnel**
['tœnəl]

der Zebrastreifen
het **zebrapad**
['zebrapɑt]

die Brücke
de **brug**
[brœχ]

der Kreisverkehr
de **rotonde**
[ro'tɔndə]

die Autobahn
de **snelweg**
[ˈsnɛlwɛχ]

① *der Mittelstreifen*
de **middenberm**
[ˈmɪdəbɛr(ə)m]

② *die Überholspur*
de **inhaalstrook**
[ˈɪnhalstrok]

③ *die Überführung*
het **viaduct**
[vijaˈdœkt]

④ *die Unterführung*
de **onderdoorgang**
[ɔndərˈdo:rχaŋ]

⑤ *die Einfahrt*
de **oprit**
[ˈɔprɪt]

⑥ *die Ausfahrt*
de **afrit**
[ˈafrɪt]

die Kreuzung	de **kruising** [ˈkrœysɪŋ]
die Vorfahrt	de **voorrang** [ˈvo:raŋ]
die Geschwindigkeitsüberschreitung	de **snelheidsovertreding** [ˈsnɛlhɛitsovərtredɪŋ]
anhalten	**stoppen** [ˈstɔpən]
der Standstreifen	de **vluchtstrook** [ˈvlœχtstrok]
die Raststätte	de **verzorgingsplaats** [vərˈzɔrχɪŋsplats]
die Entfernungstafel	het **afstandsbord** [ˈafstantsbɔrt]
rückwärtsfahren	**achteruitrijden** [aχtərˈœytrɛidən]

der Stau
de **file**
[ˈfilə]

STRASSEN UND VERKEHR – WEGEN EN VERKEER

Einfahrt verboten
verboden in te rijden
[vər'bodən ɪn tə 'rɛidən]

das Halteverbot
verboden stil te staan
[vər'bodən stɪl tə stan]

Einbiegen nach rechts verboten
rechts afslaan verboden
[rɛχts 'ɑfslan vər'bodən]

Einbiegen nach links verboten
links afslaan verboden
[lɪŋks 'ɑfslan vər'bodən]

Wenden verboten
verboden te keren
[vər'bodən tə 'ke:rən]

die Baustelle
het **werk in uitvoering**
[wɛrk ɪn 'œytfu:rɪŋ]

der Gegenverkehr
de (pl) **tegenliggers**
['teχəlɪχərs]

das Gefälle
de **gevaarlijke daling**
[χə'va:rləkə 'dalɪŋ]

die Schnee- oder Eisglätte
de **ijzel of sneeuw**
['ɛizəl ɔf snew]

die Geschwindigkeits-begrenzung
de **maximumsnelheid**
['mɑksiməm 'snɛlhɛit]

Vorfahrt gewähren!
voorrang verlenen!
['vo:rɑŋ vər'lenən]

die Einbahnstraße
de **eenrichtingsweg**
[en'rɪχtɪŋswɛχ]

DAS AUTO – DE AUTO

die Beifahrerseite
de **passagierszijde**
[pɑsaˈzirzɛidə]

das Dach
het **dak**
[dɑk]

die Windschutzscheibe
de **voorruit**
[ˈvoːrœyt]

die Fahrerseite
de **bestuurderszijde**
[bəˈstyːrdərzɛidə]

das Blinklicht
het **knipperlicht**
[ˈknɪpərlɪχt]

der Rückspiegel
de **achteruitkijkspiegel**
[ˈɑχtərˈœytkɛik-spiχəl]

das Rad
het **wiel**
[wil]

der Scheibenwischer
de **ruitenwisser**
[ˈrœytəwɪsər]

der Kühlergrill
de **grille**
[χrɪl]

die Stoßstange
de **bumper**
[ˈbœmpər]

das Nummernschild
het **nummerbord**
[ˈnœmərbɔrt]

der Nebelscheinwerfer
het **mistlicht**
[ˈmistlɪχt]

DAS AUTO – DE AUTO

① *die Motorhaube*
de **motorkap**
[ˈmotɔrkap]

② *der Seitenspiegel*
de **buitenspiegel**
[ˈbœytəspiχəl]

③ *die Autotür*
het **portier**
[pɔrˈtiːr]

④ *die Radkappe*
de **wieldop**
[ˈwildɔp]

⑤ *der Kofferraum*
de **kofferbak**
[ˈkɔfərbak]

⑥ *der Scheinwerfer*
de **koplamp**
[ˈkɔplamp]

⑦ *die Bremsleuchte*
het **remlicht**
[ˈrɛmlɪχt]

⑧ *die Rückleuchte*
het **achterlicht**
[ˈaχtərlɪχt]

⑨ *der Reifen*
de **band**
[bant]

⑩ *das Seitenfenster*
het **zijraam**
[ˈzɛiram]

⑪ *der Rückfahrscheinwerfer*
het **achteruitrijlicht**
[aχtərˈœytrɛilɪχt]

⑫ *der Türgriff*
de **klink**
[klɪŋk]

① *der Seitenspiegel*
de **buitenspiegel**
[ˈbœytəspiχəl]

② *das Armaturenbrett*
het **dashboard**
[ˈdɛʃbɔrt]

③ *das Handschuhfach*
het **dashboardkastje**
[ˈdɛʃbɔrtkaʃə]

④ *der Beifahrersitz*
de **bijrijdersstoel**
[ˈbɛirɛidərstul]

⑤ *der Schalthebel*
de **versnellingspook**
[vərˈsnɛlɪŋspok]

⑥ *die Handbremse*
de **handrem**
[ˈhantrɛm]

⑦ *der Fahrersitz*
de **bestuurdersstoel**
[bəˈsty:rdərstul]

⑧ *das Lenkrad*
het **stuur**
[sty:r]

die Fußstütze	de **voetsteun** [ˈvutstøn]
das Kupplungspedal	het/de **koppelingspedaal** [ˈkɔpəlɪŋspədal]
das Bremspedal	het/de **rempedaal** [ˈrɛmpədal]
das Gaspedal	het/de **gaspedaal** [ˈχaspədal]
der Sicherheitsgurt	de **veiligheidsgordel** [ˈvɛiləχɛitsχɔrdəl]
die Kopfstütze	de **hoofdsteun** [ˈhoftstøn]
der Airbag	de **airbag** [ˈɛːbɛk]
die Hupe	de **claxon** [ˈklaksɔn]

der Blinkerhebel
de **knipperlicht-schakelaar**
[ˈknɪpərlɪχtsχakəla:r]

DAS AUTO – DE AUTO

die Preisanzeige
het/de **prijsdisplay**
[ˈprɛizdɪsple]

die Literanzeige
de **litermeter**
[ˈlitərmetər]

der Feuerlöscher
de **brandblusser**
[ˈbrandblœsər]

die Zapfsäule
de **benzinepomp**
[bɛnˈzinəpɔmp]

das Reifenfüllgerät
de **bandenpomp**
[ˈbandəpɔmp]

tanken
tanken
[ˈtɛŋkən]

das Benzin
de **benzine**
[bɛnˈzinə]

bleifrei
loodvrij
[lotˈfrɛi]

der Diesel
de **diesel**
[ˈdizəl]

verbleit
gelood
[χəˈlot]

der Zapfschlauch
de **benzineslang**
[bɛnˈzinəslaŋ]

der Motor	de **motor** [ˈmotɔr]
der Benzintank	de **benzinetank** [bɛnˈzinətɛŋk]
das Getriebe	de **versnellingsbak** [vərˈsnɛlɪŋzbak]
der Kühler	de **radiateur** [radijaˈtø:r]
der Ventilator	de **ventilator** [vɛntiˈlatɔr]
die Batterie	de **accu** [ˈaky]
der Auspufftopf	de **knaldemper** [ˈknaldɛmpər]
das Auspuffrohr	de **uitlaat** [ˈœytlat]

den Reifen wechseln
de band verwisselen
[də bant vər'wɪsələn]

das Reserverad
het **reservewiel**
[rə'zɛrvəwil]

der Radmutternschlüssel
de **wielmoersleutel**
['wilmu:rsløtəl]

die Reifenpanne
de **bandenpech**
['bandəpɛχ]

der Verkehrsunfall	het **verkeersongeval** [vər'ke:rsɔŋχəval]
Ich habe eine Panne.	**Ik heb motorpech.** [ɪk hɛp 'motɔrpɛχ]
Könnten Sie bitte den Pannendienst anrufen?	**Kunt u de Wegenwacht bellen?** ['kœnty də 'weχewaχt 'bɛlən]
Der Motor springt nicht an.	**Hij wil niet starten.** [hɛi wɪl nit 'startən]
das Starthilfekabel	de **startkabel** ['startkabəl]
Könnten Sie mir Starthilfe geben?	**Kunt u me helpen de auto te starten?** ['kœnty mə 'hɛlpən də 'auto tə 'startən]
der Ersatzreifen	de **reserveband** [re'zɛrvəbant]
Könnten Sie mir beim Reifenwechseln helfen?	**Kunt u me helpen bij het verwisselen van de band?** ['kœnty mə həlpən bɛi ət vər'wɪsələn van də bant]

DER BUS – DE BUS

der Reisebus
de **touringcar**
[ˈturɪŋkar]

der Gepäckraum
het **bagagecompartiment**
[baˈχaʒəkɔmpartimɛnt]

die Bushaltestelle
de **bushalte**
[ˈbœshaltə]

das Wartehäuschen
het **wachthuisje**
[ˈwaχthœyʃə]

der Fahrplan
de **dienstregeling**
[ˈdinstreχelɪŋ]

der Halteknopf
de **stopknop**
[ˈstɔpknɔp]

die Halteschlaufe
de **lus**
[lœs]

der Schulbus
de **schoolbus**
[ˈsχolbœs]

der Niederflurbus	de **lagevloerbus** [laχəˈvlu:rbœs]
der Busbahnhof	het **busstation** [ˈbœstaʃɔn]
der Linienbus	de **lijnbus** [ˈlɛinbœs]
der Kleinbus	de **minibus** [ˈminibœs]
die Monatskarte	de **maandkaart** [ˈmantka:rt]
der Fahrpreis	de **ritprijs** [ˈrɪtprɛis]
die Fahrkarte	het **buskaartje** [ˈbœska:rtjə]
der Fahrkartenautomat	de **kaartjesautomaat** [ˈka:rtjəsautomat]

DAS FAHRRAD – DE FIETS

der Lenker
het **stuur**
[sty:r]

der Sattel
het **zadel**
['zadəl]

das Vorderrad
het **voorwiel**
['vo:rwil]

der Reifen
de **band**
[bɑnt]

das Hinterrad
het **achterwiel**
['ɑχtərwil]

die Kette
de **ketting**
['kɛtɪŋ]

das Pedal
de **trapper**
['trɑpər]

die Speiche
de **spaak**
[spak]

der Schalthebel	de **versnellingshendel** [vər'snɛlɪŋshɛndəl]
der Bremshebel	de **remgreep** ['rɛmχrep]
die Luftpumpe	de **pomp** [pɔmp]
der Fahrradhelm	de **fietshelm** ['fitshɛl(ə)m]
bremsen	**remmen** ['rɛmən]
einen Fahrradschlauch flicken	**een fietsband plakken** [ən 'fitsbɑnt 'plɑkən]

das Fahrradschloss
het **fietsslot**
['fitslɔt]

DER ZUG – DE TREIN

der Zug
de **trein**
[trɛin]

der Bahnsteig
het **perron**
[pɛˈrɔn]

einsteigen
instappen
[ˈɪnstɑpən]

aussteigen
uitstappen
[ˈœytstɑpən]

die Gleisnummer
het **spoornummer**
[ˈspo:rnœmər]

die Rolltreppe
de **roltrap**
[ˈrɔltrɑp]

die U-Bahn
de **metro**
[ˈmetro]

die Verspätung	de **vertraging** [vərˈtraχɪŋ]
pünktlich	**op tijd** [ɔp tɛit]
umsteigen	**overstappen** [ˈovərstɑpən]
die Straßenbahn	de **tram** [trɛm]
die Sitzplatzreservierung	de **stoelreservering** [ˈstulresɛrve:rɪŋ]
Eine einfache Fahrt nach ..., bitte.	**Een enkele reis naar ..., alstublieft.** [ən ˈɛŋkələ rɛis na:r ... ɑlstyblift]
Ist dieser Platz noch frei?	**Is deze plaats vrij?** [ɪz ˈdezə plats vrɛi]

ESSEN UND TRINKEN
ETEN EN DRINKEN

TIERISCHE PRODUKTE – DIERLIJKE PRODUCTEN

das Lammfleisch
het **lamsvlees**
[ˈlamsfles]

das Rindfleisch
het **rundvlees**
[ˈrœntflees]

das Schweinefleisch
het **varkensvlees**
[ˈvɑrkənsfles]

das Hähnchen
de **kip**
[kɪp]

die Forelle
de **forel**
[fɔˈrɛl]

der Tunfisch
de **tonijn**
[toˈnɛin]

der Lachs
de **zalm**
[ˈzɑl(ə)m]

das Fischsteak
de **vissteak**
[ˈvɪstek]

die Garnele
de **garnaal**
[χɑrˈnal]

der Hummer
de **zeekreeft**
[ˈzekreft]

der Krebs
de **krab**
[krɑp]

die Miesmuschel
de **mossel**
[ˈmɔsəl]

TIERISCHE PRODUKTE – DIERLIJKE PRODUCTEN

das Hühnerei
het **kippenei**
[ˈkɪpənɛi]

das Eiweiß
het **eiwit**
[ˈɛiwɪt]

das Eigelb
de **dooier**
[ˈdojər]

die Butter
de **boter**
[ˈbotər]

die Milch
de **melk**
[mɛl(ə)k]

die Sahne
de **room**
[rom]

der Käse
de **kaas**
[kas]

der Quark
de **kwark**
[kwɑr(ə)k]

der Joghurt
de **yoghurt**
[ˈjɔχərt]

GEMÜSE – GROENTEN

die Zwiebel
de **ui**
[œy]

das Radieschen
het **radijsje**
[raˈdɛiʃə]

die Frühlingszwiebel
de **lente-ui**
[ˈlɛntəœy]

der Lauch
de **prei**
[prɛi]

die Süßkartoffel
de **zoete aardappel**
[ˈzutə ˈaːrdɑpəl]

die Karotte
de **wortel**
[wɔrtəl]

der Knoblauch
de **knoflook**
[ˈknɔflok]

die Kartoffel
de **aardappel**
[ˈaːrdɑpəl]

die Rote Bete
de **rode biet**
[ˈrodə bit]

die rote Zwiebel
de **rode ui**
[ˈrodə œy]

die Pastinake
de **pastinaak**
[pɑstiˈnak]

die Schalotte
de **sjalot**
[ʃaˈlɔt]

die Rübe
de **raap**
[rap]

GEMÜSE – GROENTEN

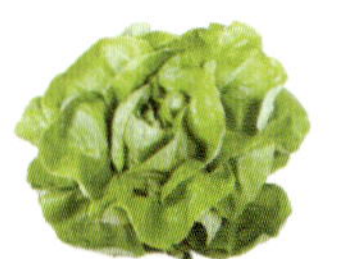

der Kopfsalat
de **kropsla**
[ˈkrɔpsla]

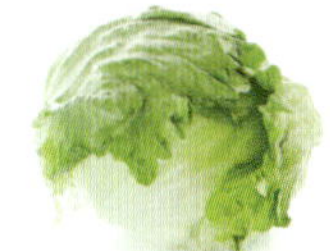

der Eisbergsalat
de **ijsbergsla**
[ˈɛizbərχsla]

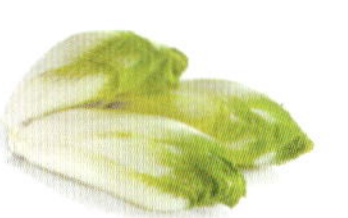

der/die Chicorée
de **witlof**
[ˈwɪtlɔf]

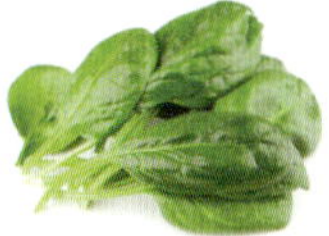

der Spinat
de **spinazie**
[spiˈnazi]

der Wirsing
de **savooiekool**
[saˈvojəkol]

der Brokkoli
de **broccoli**
[ˈbrɔkoli]

der Rotkohl
de **rodekool**
[rodəˈkol]

der Weißkohl
de **wittekool**
[ˈwɪtəkol]

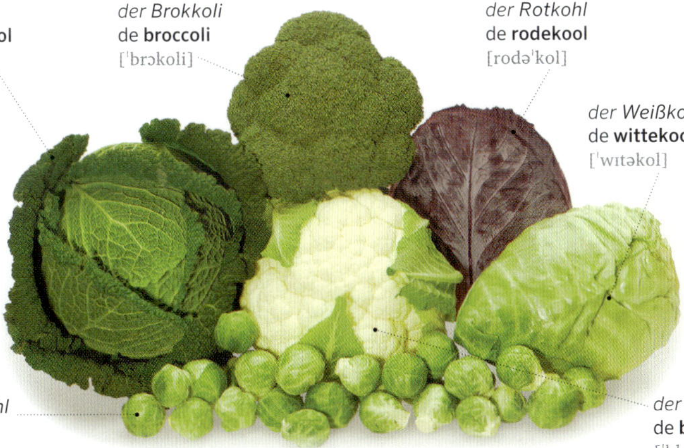

der Rosenkohl
het **spruitje**
[sprœycə]

der Blumenkohl
de **bloemkool**
[ˈblumkol]

GEMÜSE – GROENTEN

der/die Paprika
de **paprika**
[ˈpaprika]

die Zucchini
de **courgette**
[kurˈʒɛt]

die Aubergine
de **aubergine**
[obərˈʒin]

die Tomate
de **tomaat**
[toˈmat]

die Okraschote
de **okra**
[ˈokra]

die Chilischote
de **Spaanse peper**
[ˈspansə ˈpepər]

der Mais
de **mais**
[mais]

die grüne Bohne
de **sperzieboon**
[ˈspɛrzibon]

die Tellerlinse
de **bruine linze**
[ˈbrœynə ˈlɪnzən]

schälen	**schillen** [ˈsχɪlən]
schneiden	**snijden** [ˈsnɛidən]
roh	**rauw** [rɑu]
gekocht	**gekookt** [χəˈkokt]
gegart	**gegaard** [χəˈχaːrt]
das Püree	de **puree** [pyˈre]
püriert	**gepureerd** [χəpyˈreːrt]
braten	**bakken** [ˈbɑkən]

OBST – FRUIT

die Erdbeere
de **aardbei**
[ˈaːrdbɛi]

die Brombeere
de **braam**
[bram]

die Himbeere
de **framboos**
[framˈbos]

die Heidelbeere
de **blauwe bes**
[ˈblauə bɛs]

die Weintraube
de **druif**
[drœyf]

die Kirsche
de **kers**
[kɛrs]

der Apfel
de **appel**
[ˈɑpəl]

die Aprikose
de **abrikoos**
[abriˈkos]

der Pfirsich
de **perzik**
[ˈpɛrzɪk]

die Nektarine
de **nectarine**
[nɛktaˈrinə]

die Pflaume
de **pruim**
[prœym]

die Birne
de **peer**
[peːr]

OBST – FRUIT

die Grapefruit
de **grapefruit**
[ˈgɹepfɹut]
die Orange
de **sinaasappel**
[ˈsinəsɑpəl]
die Zitrone
de **citroen**
[siˈtrun]
die Limette
de **limoen**
[liˈmun]
die Banane
de **banaan**
[baˈnan]
die Clementine
de **clementine**
[kleménˈtinə]
geschält
geschild
[χəˈsχɪlt]
die Wassermelone
de **watermeloen**
[ˈwatərməlun]
der Schnitz
het **partje**
[ˈpɑrtjə]
die Schale
de **schil**
[sχɪl]
die Zuckermelone
de **suikermeloen**
[ˈsœykərməlun]
die Honigmelone
de **honingmeloen**
[ˈhonɪŋməlun]

WÜRZMITTEL UND SOSSEN – KRUIDEN EN SAUZEN

der Essig
de **azijn**
[a'zɛin]

das Olivenöl
de **olijfolie**
[o'lɛifoli]

der Pfeffer
de **peper**
['pepər]

das Salz
het **zout**
[zɑut]

die Pfeffermühle
de **pepermolen**
['pepərmolən]

der/das Ketchup
de **ketchup**
['kɛtʃœp]

der Senf
de **mosterd**
['mɔstərt]

die Mayonnaise
de **mayonaise**
[majo'nɛːzə]

die Sojasoße
de **sojasaus**
['sojasɑus]

BROT – BROOD

das Weizenmehl
het **tarwemeel**
[ˈtɑrvəmel]

das Croissant
de **croissant**
[kwχɑˈsɑ̃ŋ]

das/die Baguette
het **stokbrood**
[ˈstɔgbrot]

das Weißbrot
het **witbrood**
[ˈwɪdbrot]

das Vollkornbrot
het **volkorenbrood**
[vɔlˈkoːrəbrot]

das Fladenbrot
het **Turks brood**
[tœrks brot]

die Tortilla
de **tortilla**
[tɔrˈtilja]

das Brötchen
het **broodje**
[ˈbrocə]

der Bagel
de **bagel**
[ˈbegəl]

das belegte Brötchen
het **belegd broodje**
[bəˈlɛχt ˈbrocə]

die Scheibe
de **snee**
[sne]

das Sandwich
de **sandwich**
[ˈsɛntwɪtʃ]

das Wasser
het **water**
[ˈwatər]

der Orangensaft
het **sinaasappelsap**
[ˈsinɑsɑpəlsɑp]

die Cola
de **cola**
[ˈkola]

das Bier
het **bier**
[biːr]

der Rotwein
de **rode wijn**
[ˈrodə wɛin]

der Weißwein
de **witte wijn**
[ˈwɪtə wɛin]

der Kräutertee
de **kruidenthee**
[ˈkrœydəte]

der Kaffee
de **koffie**
[ˈkɔfi]

der Kaffee zum Mitnehmen
de **koffie om mee te nemen**
[ˈkɔfi ɔm me tə ˈnemən]

der Becher
de **beker**
[ˈbekər]

der Deckel
de/het **deksel**
[ˈdɛksəl]

der Teebeutel
het **theezakje**
[ˈtezɑkjə]

die Teeblätter
de (pl) **theeblaadjes**
[ˈteblacəs]

DAS FASTFOOD – DE SNELLE HAP

die Chips
de (pl) **chips**
[ʃɪps]

der Schokoriegel
de **chocoladereep**
[ʃoko'ladərep]

der Hamburger
de **hamburger**
['hɑmbœrχər]

die Pommes frites
de **patat**
[pə'tɑt]

die Pizza
de **pizza**
['pitsa]

der Taco
de **taco**
['tako]

die gebratenen Nudeln
de (pl) **gefrituurde noedels**
[χefri'ty:rdə 'nudəls]

das Sushi
de **sushi**
['suʃi]

das Nugget
de **nugget**
['nœgət]

Ich würde gerne etwas zum Mitnehmen bestellen.	**Ik wil graag iets bestellen om mee te nemen.** [ɪk wɪl χraχ its bə'stələn ɔm me tə 'nemən]
klein/mittelgroß/groß	**klein / middelgroot / groot** [klɛin/'mɪdəlχrot/χrot]
süß	**zoet** [zut]
salzig	**zout** [zɑut]
der Lieferservice	de **bezorging aan huis** [bə'zɔrχɪŋ an hœys]
bestellen	**bestellen** [bə'stɛlən]
liefern	**bezorgen** [bə'zɔrχən]

die Suppe
de **soep**
[sup]

der Eintopf
het **eenpansgerecht**
[em'pansχərεχt]

der Salat
de **salade**
[sa'ladə]

das Stäbchen
het **eetstokje**
['etstɔkjə]

die Serviette
het **servet**
[sεr'vεt]

die Gabel
de **vork**
[vɔr(ə)k]

die Tischdecke
het **tafelkleed**
['tafəlklet]

der Essteller
het **bord**
[bɔrt]

das Wasserglas
het **waterglas**
['watərχlas]

das Weinglas
het **wijnglas**
['wεiŋχlas]

der Dessertlöffel
de **dessertlepel**
[dε'sε:rlepəl]

der Suppenlöffel
de **soeplepel**
['suplepəl]

das Messer
het **mes**
[mεs]

DIE ERNÄHRUNG – DE VOEDING

das Fett
het **vet**
[vɛt]

der Zucker
de **suiker**
[ˈsœykər]

vegetarisch
vegetarisch
[veχəˈtaris]

vegan
veganistisch
[veχaˈnɪstis]

ohne Eier
zonder eieren
[ˈzɔndər ˈɛiərən]

zuckerfrei
suikervrij
[sœykərˈvrɛi]

glutenfrei
glutenvrij
[χlytəvrɛi]

laktosefrei
lactosevrij
[lɑktozəˈvrɛi]

die Diät
het **dieet**
[diˈjet]

die Lebensmittelintoleranz	de **voedselallergie** [ˈvutsəlɑlɛrˈχi]
die Fruktose	de **fructose** [ˈfrœkˈtozə]
die Glukose	de **glucose** [χlyˈkozə]
das Natrium	het **natrium** [ˈnatrijəm]
die Kalorien	de (pl) **calorieën** [kɑloˈrijən]
der Geschmacksverstärker	de **smaakversterker** [ˈsmakvərstɛrkər]
die gesunde Ernährung	de **gezonde voeding** [χəˈzɔndə ˈvudɪŋ]
fasten	**vasten** [ˈvɑstən]

DER SUPERMARKT – DE SUPERMARKT

der Kassierer
de **kassier**
[kaˈsiːr]

die Kundin
de **klant**
[klɑnt]

die Ware
de **koopwaar**
[ˈkopwaːr]

das Warentransportband
de **kassaband**
[ˈkasabɑnt]

das Warenregal
het/de **schap**
[sχɑp]

der Einkaufswagen
het **winkelwagentje**
[ˈwɪŋkəlwaχencə]

die Kasse
de **kassa**
[ˈkasa]

der Scanner
de **scanner**
[ˈskɛnər]

der Einkaufskorb
het **winkelmandje**
[ˈwɪŋkəlmɑncə]

die Selbstbedienungskasse
de **zelfbedieningskassa**
[ˈzɛlfbədinɪŋskasa]

der Strichcode
de **streepjescode**
[ˈstrepjəskodə]

das Sonderangebot
de **speciale aanbieding**
[speˈʃalə ˈambidɪŋ]

DER SUPERMARKT – DE SUPERMARKT

das Obst und Gemüse
de **afdeling groente en fruit** [ˈɑvdelɪŋ ˈχruntə ɛn frœyt]

das Kühlregal
de **koeling**
[ˈkulɪŋ]

die Milchprodukte
de (pl) **zuivelproducten**
[ˈzœyvəlprodœktən]

die Tiefkühlkost
de (pl) **diepvriesartikelen**
[ˈdipfrisɑrtikələn]

die Backwaren
het **brood en banket**
[brot ɛn baŋˈkɛt]

das Fleisch und Geflügel
het **vlees en gevogelte**
[vles ɛn χəˈvoχeltə]

die Konserven
de (pl) **conserven**
[kɔnˈzɛrvən]

die Feinkost
de (pl) **delicatessen**
[delikaˈtɛsən]

die Fischtheke
de **visafdeling**
[ˈvɪsɑvdelɪŋ]

die Frühstücksflocken
de **ontbijtgranen**
[ɔndˈbɛitχranən]

die Babyartikel
de (pl) **babyartikelen**
[ˈbebiɑrtikələn]

der Kassenzettel
de **kassabon**
[ˈkɑsabɔn]

GESUNDHEIT UND KÖRPERPFLEGE
GEZONDHEID EN LICHAAMSVERZORGING

DER KÖRPER – HET LICHAAM

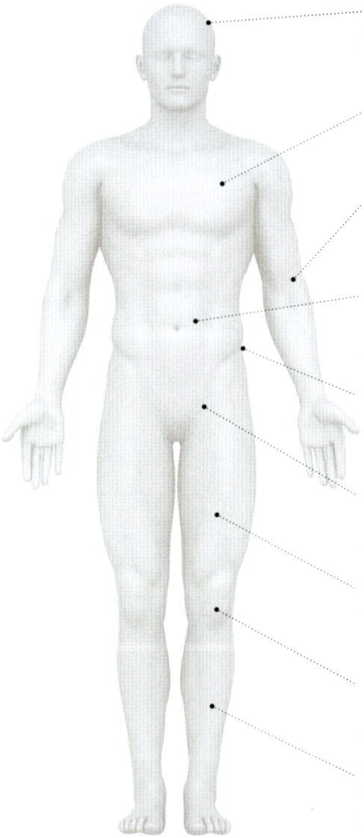

der Kopf
het **hoofd**
[hoft]

der Brustkorb
de **borstkas**
[ˈbɔrstkɑs]

der Arm
de **arm**
[ɑr(ə)m]

der Bauch
de **buik**
[bœyk]

die Hüfte
de **heup**
[høp]

die Leiste
de **lies**
[lis]

der Oberschenkel
de **dij**
[dɛi]

das Knie
de **knie**
[kni]

das Schienbein
de **scheen**
[sχen]

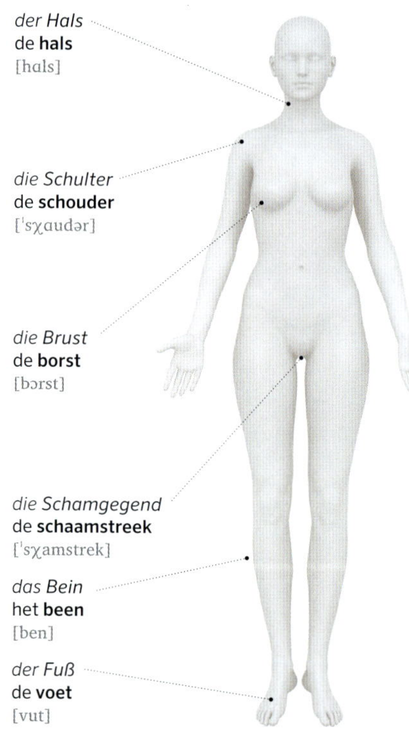

der Hals
de **hals**
[hɑls]

die Schulter
de **schouder**
[ˈsχɑudər]

die Brust
de **borst**
[bɔrst]

die Schamgegend
de **schaamstreek**
[ˈsχamstrek]

das Bein
het **been**
[ben]

der Fuß
de **voet**
[vut]

DER KÖRPER – HET LICHAAM

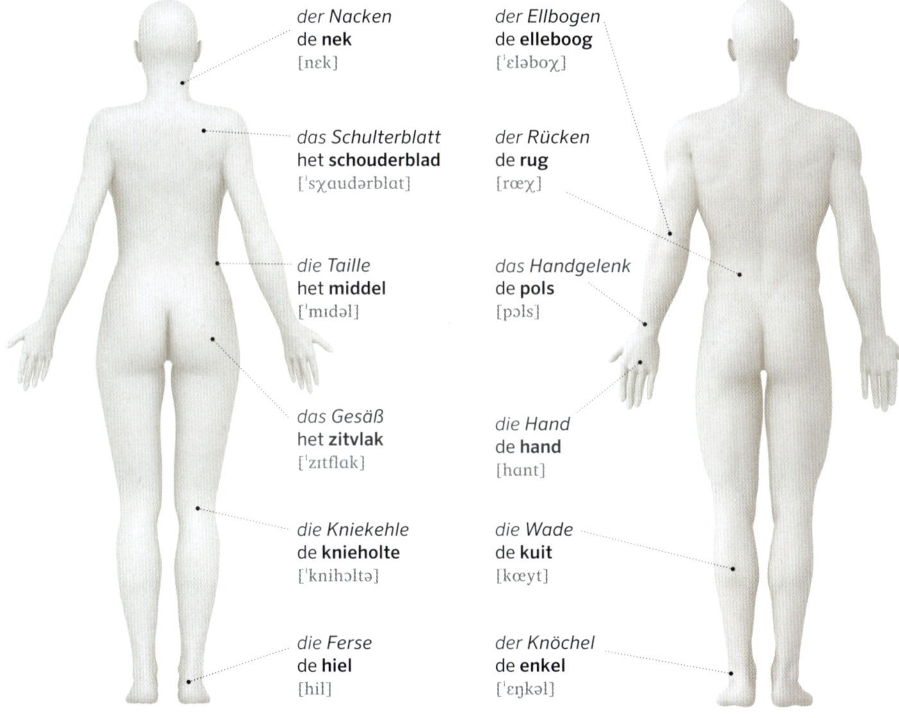

DIE HAND UND DER FUSS – DE HAND EN DE VOET

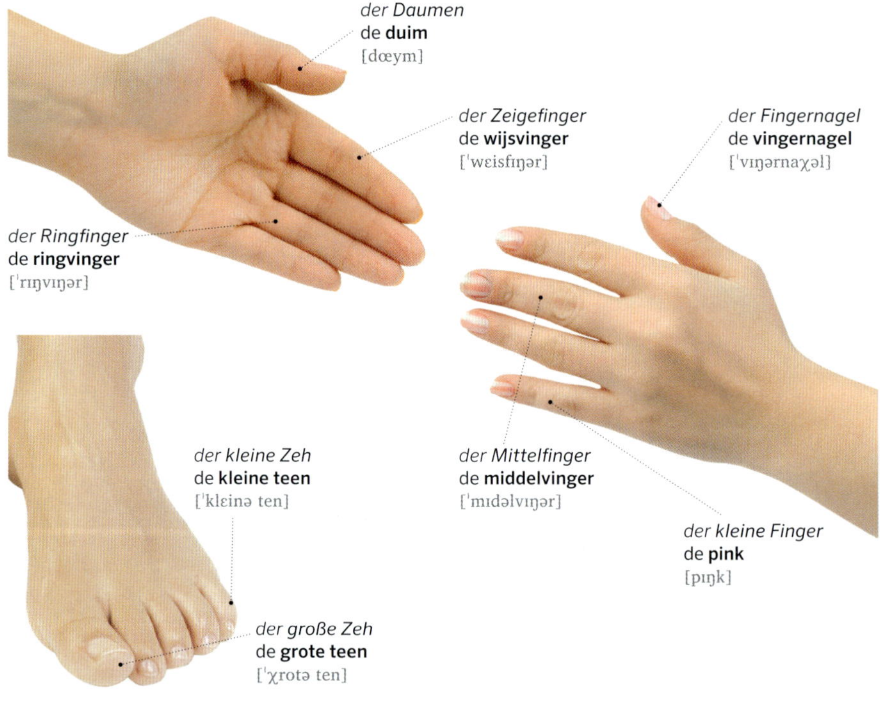

DAS GESICHT – HET GEZICHT

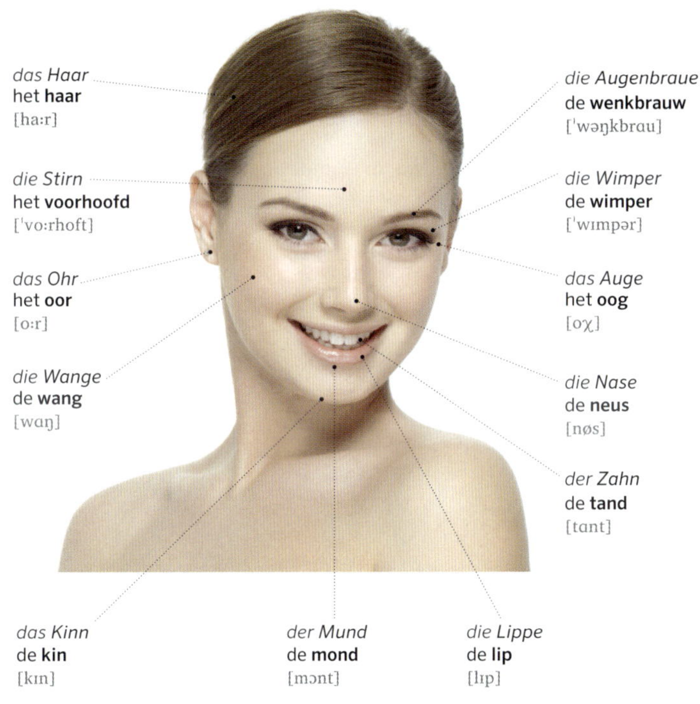

DIE INNEREN ORGANE – DE INWENDIGE ORGANEN

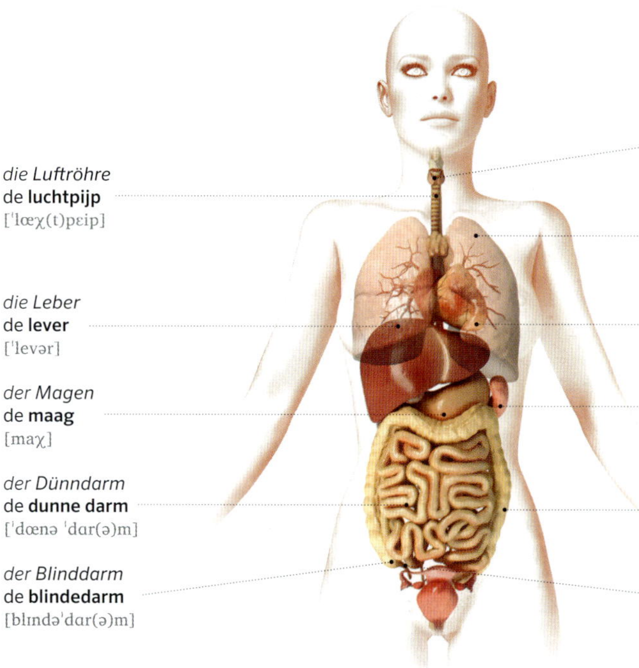

die Luftröhre
de **luchtpijp**
['lœχ(t)pɛip]

die Leber
de **lever**
['levər]

der Magen
de **maag**
[maχ]

der Dünndarm
de **dunne darm**
['dœnə 'dɑr(ə)m]

der Blinddarm
de **blindedarm**
[blɪndə'dɑr(ə)m]

die Schilddrüse
de **schildklier**
[sχiltkliːr]

die Lunge
de **long**
[lɔŋ]

das Herz
het **hart**
[hɑrt]

die Milz
de **milt**
[mɪlt]

der Dickdarm
de **dikke dam**
['dɪkə 'dɑr(ə)m]

der Wurmfortsatz
de **appendix**
[ɑ'pɛndɪks]

SCHWANGERSCHAFT UND GEBURT – ZWANGERSCHAP EN BEVALLING

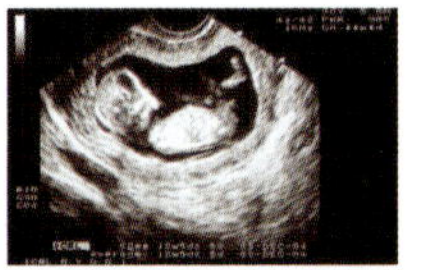

die Ultraschallaufnahme
de **echo**
[ˈɛχo]

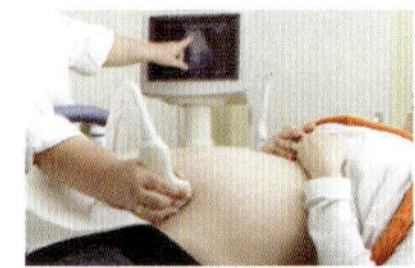

die Ultraschall-untersuchung
de **echoscopie**
[ɛχoskoˈpi]

die Hebamme
de **vroedvrouw**
[ˈvrutfrau]

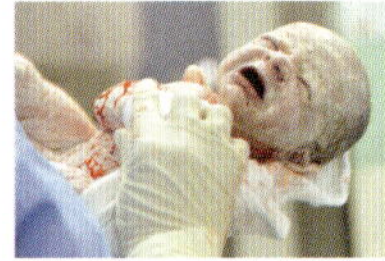

die Geburt
de **bevalling**
[bəˈvalɪŋ]

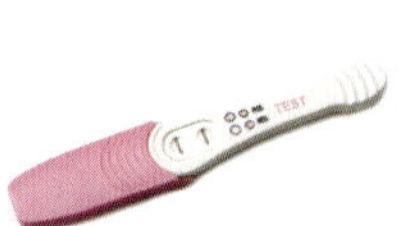

der Schwangerschaftstest
de **zwangerschapstest**
[ˈzwaŋərsχapstɛst]

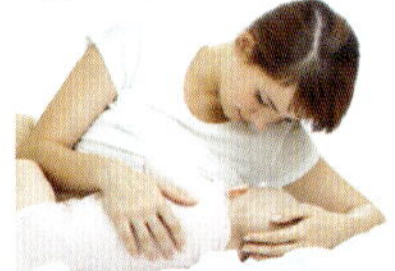

stillen
borstvoeding geven
[ˈbɔrstfudɪŋ ˈχevən]

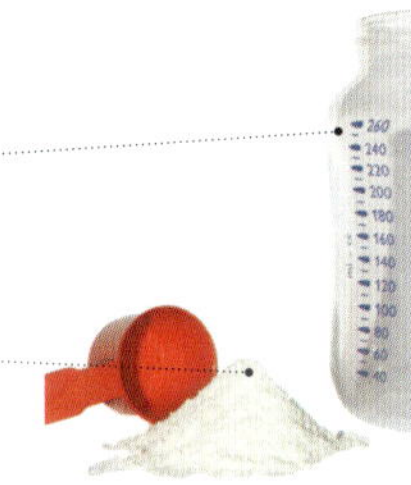

das Fläschchen
de **fles**
[flɛs]

das Milchpulver
het **melkpoeder**
[ˈmɛl(ə)kpudər]

schwanger	**in verwachting** [ɪn vərˈwaχtɪŋ]
die Wehen	de (pl) **weeën** [ˈwejən]
die Geburt einleiten	**de bevalling inleiden** [də bəˈvalɪŋ ˈɪnlɛidən]
pressen	**persen** [ˈpɛrsən]
die Nabelschnur	de **navelstreng** [ˈnavəlstrɛŋ]
die Plazenta	de **moederkoek** [ˈmudərkuk]
das Fruchtwasser	het **vruchtwater** [ˈvrœχtwatər]
die Fruchtblase	de **vruchtblaas** [ˈvrœχ(t)blas]

DER ARZTBESUCH – BIJ DE DOKTER

das Rezept
het **recept**
[rə'sɛpt]

das Wartezimmer
de **wachtkamer**
['wɑχ(t)kamər]

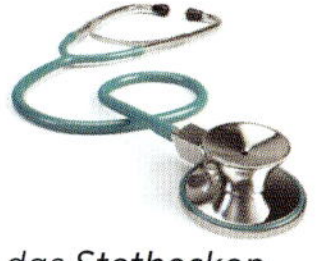

das Stethoskop
de **stethoscoop**
[steto'skop]

den Blutdruck messen
de bloeddruk meten
[də 'bludrœk 'metən]

die Ärztin
de **dokter**
['dɔktər]

die Patientin
de **patiënte**
[pa'ʃɛntə]

die Sprechstunde	het **spreekuur** ['spreky:r]
jemandem Blut abnehmen	**bloed afnemen bij iemand** ['blutɑfnemən bɛi 'imɑnt]
der Termin	de **afspraak** ['ɑfsprak]
die Behandlung	de **behandeling** [bə'hɑndəlɪŋ]
die Diagnose	de **diagnose** [dija'χnozə]
die Überweisung	de **verwijzing** [vər'wɛizɪŋ]
die Ergebnisse	de **uitslag** ['œytslɑχ]
die Krankenkasse	de **zorgverzekering** ['zɔr(ə)χvərzekərɪŋ]

SYMPTOME UND KRANKHEITEN – SYMPTOMEN EN AANDOENINGEN

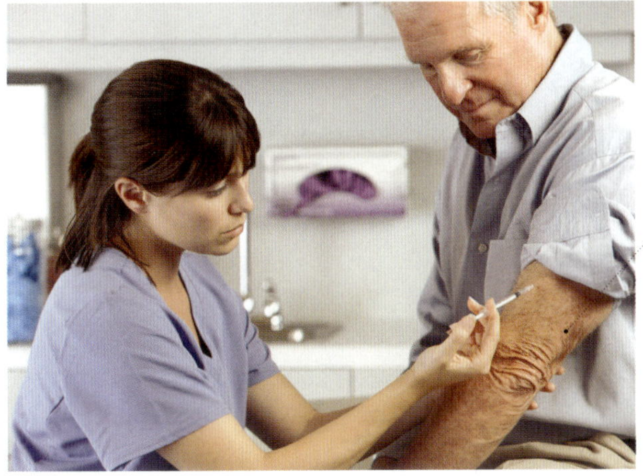

jemandem eine Spritze geben
iemand een injectie geven
[ˈimɑnt ən ɪnˈjəksi ˈχevən]

eine Spritze bekommen
een injectie krijgen
[ən ɪnˈjɛksi ˈkrɛiχən]

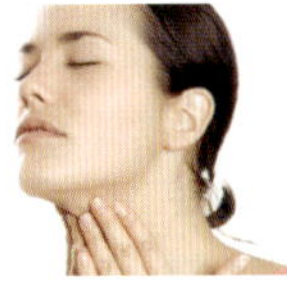

die Halsschmerzen
de **keelpijn**
[ˈkelpɛin]

das Virus	het **virus** [ˈvirœs]
der Infekt	de **infectie** [ɪnˈfɛksi]
die Allergie	de **allergie** [ɑlɛrˈχi]
der Hautausschlag	de **huiduitslag** [ˈhœytœytslɑχ]
der Durchfall	de **diarree** [dijaˈre]
der Schwindel	de **duizeligheid** [ˈdœyzələχɛit]
die Übelkeit	de **misselijkheid** [ˈmɪsələkhɛit]
die Bronchitis	de **bronchitis** [brɔnˈχitəs]

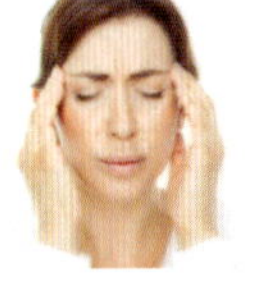

die Kopfschmerzen
de **hoofdpijn**
[hof(t)pɛin]

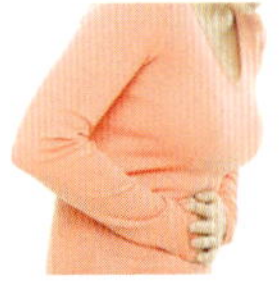

die Magenschmerzen
de **maagpijn**
[ˈmaχpɛin]

SYMPTOME UND KRANKHEITEN – SYMPTOMEN EN AANDOENINGEN

krank
ziek
[zik]

gesund
gezond
[χə'zɔnt]

der Schnupfen
de **neusverkoudheid**
['nøsfərkɑuthɛit]

der Husten
de **hoest**
[hust]

die Erkältung
de **verkoudheid**
[vər'kɑuthɛit]

die Grippe
de **griep**
[χrip]

das Niesen
het **niezen**
['nizən]

das Fieber
de **koorts**
[ko:rts]

der Heuschnupfen
de **hooikoorts**
['hoiko:rts]

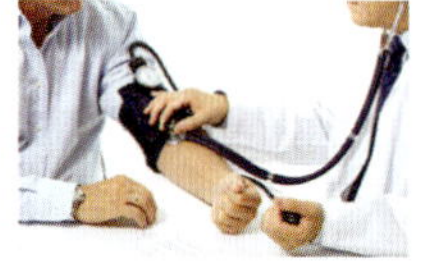

der hohe/niedrige Blutdruck
de **hoge/lage bloeddruk**
['hoχe/laχə 'bludrœk]

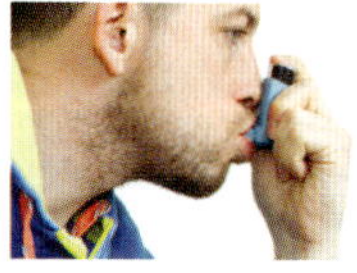

das Asthma
de **astma**
['ɑstma]

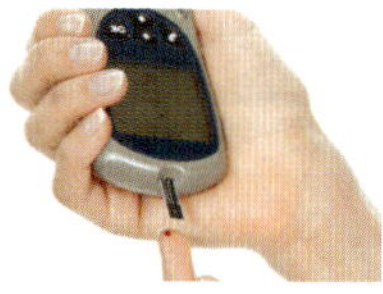

der Diabetes
de **suikerziekte**
['sœykərziktə]

der Rollstuhl
de **rolstoel**
[ˈrɔlstul]

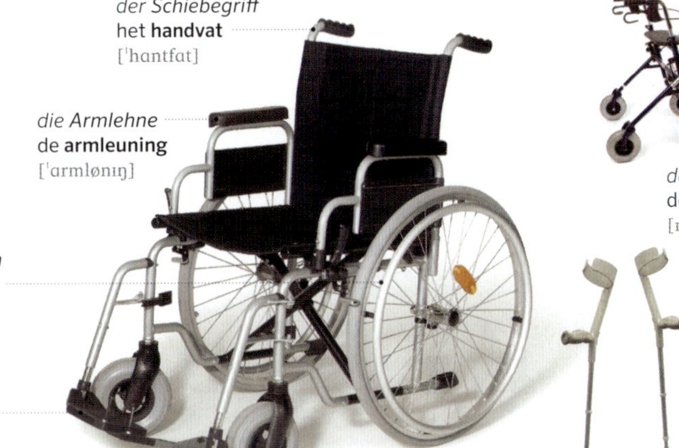

der Schiebegriff
het **handvat**
[ˈhantfat]

die Armlehne
de **armleuning**
[ˈarmlønɪŋ]

der Greifreifen
de **duwring**
[ˈdywrɪŋ]

die Fußstütze
de **voetsteun**
[ˈvutstøn]

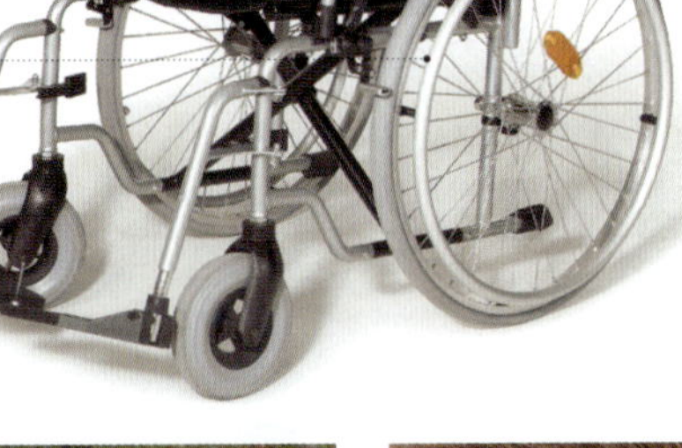

der Rollator
de **rollator**
[rɔˈlatɔr]

die Krücke
de **kruk**
[krœk]

der Blindenstock
de **blindenstok**
[blɪndəstɔk]

der Blindenhund
de **blindengeleidehond**
[blɪndəχəˈlɛidəhɔnt]

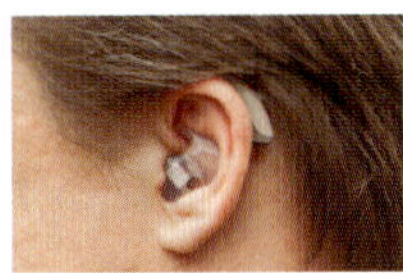

das Hörgerät
het **gehoorapparaat**
[χəˈhoːraparat]

die Gebärdensprache
de **gebarentaal**
[χəˈbaːrətal]

VERLETZUNGEN – VERWONDINGEN

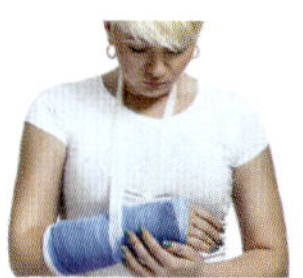

der Knochenbruch
de **botbreuk**
[ˈbɔdbrøk]

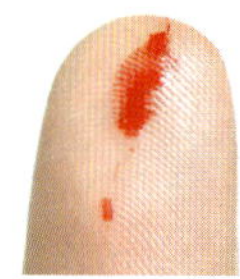

die Schnittwunde
de **snijwond**
[ˈsnɛiwɔnt]

der Insektenstich
de **insectenbeet**
[ɪnˈsɛktəbet]

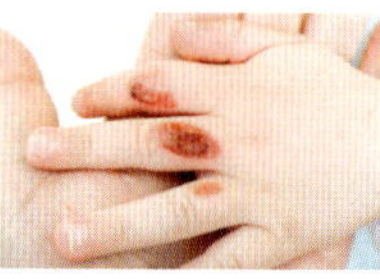

die Verbrennung
de **verbranding**
[vərˈbrɑndɪŋ]

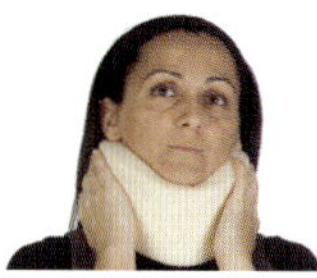

das Schleudertrauma
de **whiplash**
[ˈwɪplɛʃ]

der Bandscheibenvorfall
de **hernia**
[ˈhɛrnija]

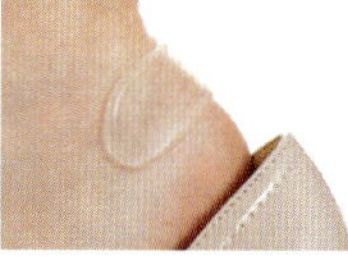

die Blase
de **blaar**
[bla:r]

in Ohnmacht fallen
flauwvallen
[ˈflauvɑlən]

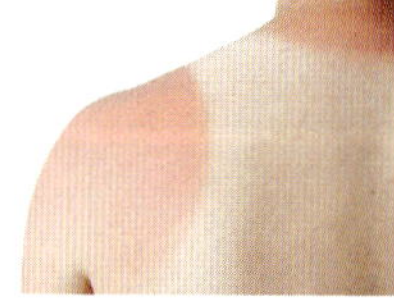

der Sonnenbrand
de **zonnebrand**
[ˈzɔnəbrɑnt]

die Wunde	de **wond** [wɔnt]
das Blut	het **bloed** [blut]
bluten	**bloeden** [ˈbludən]
die Blutung	de **bloeding** [ˈbludɪŋ]
die Gehirnerschütterung	de **hersenschudding** [ˈhɛrsəsχœdɪŋ]
sich den Arm/ einen Wirbel ausrenken	**z'n arm uit de kom hebben** [zən ɑr(ə)m œydə kɔm ˈhɛbən]
sich den Fuß verstauchen/brechen	**zijn voet verstuiken/breken** [zən vut vərˈstœykən/ˈbrekən]

VERLETZUNGEN – VERWONDINGEN

das Verbandszeug
het **verbandmateriaal**
[vər'bantmatər(i)jal]

der Verband
het **verband**
[vər'bant]

das Leukoplast®
de **leukoplast®**
['løkoplast]

das Pflaster
de **pleister**
['plɛistər]

die Verbandschere
de **verbandschaar**
[vər'bantsχa:r]

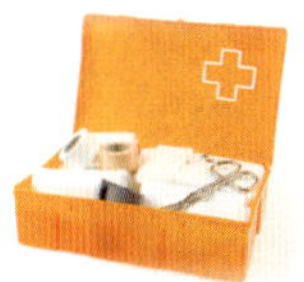

der Erste-Hilfe-Kasten
de **EHBO-trommel**
[ehabe'otrɔməl]

das Desinfektionsmittel
het **desinfectiemiddel**
[dɛsɪm'fɛksimɪdəl]

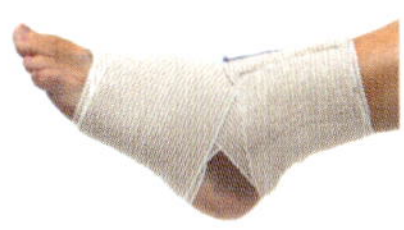

die Bandage
het **steunverband**
['stønvərbant]

die Mullbinde
het **verbandgaas**
[vər'bantχas]

DIE APOTHEKE – DE APOTHEEK

das Medikament
het **geneesmiddel**
[χe'nesmɪdəl]

die Kapsel
de **capsule**
[kɑp'sylə]

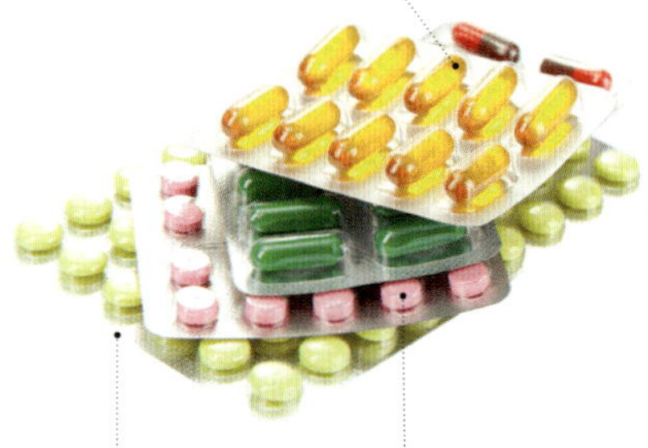

der Hustensaft
het **hoestdrankje**
['husdrɑŋkjə]

die Sichtverpackung
de **doordrukstrip**
['do:rdrœkstrɪp]

die Tablette
de/het **tablet**
[ta'blɛt]

die Dosierung
de **dosering**
[do'ze:rɪŋ]

der Messbecher
de **maatbeker**
['madbekər]

die Salbe
de **zalf**
[zɑl(ə)f]

die Spritze
de **injectiespuit**
[ɪn'jɛksispœyt]

die Tropfen
de (pl) **druppels**
['drœpəls]

die Brausetablette
de/het **bruistablet**
['brœystablɛt]

DIE APOTHEKE – DE APOTHEEK

das Sonnenschutzmittel
de **zonnebrandcrème**
[ˈzɔnebrantkrɛːm]

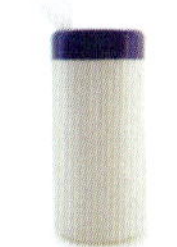

das Feuchttuch
het **vochtig doekje**
[ˈvɔχtəχ ˈdukjə]

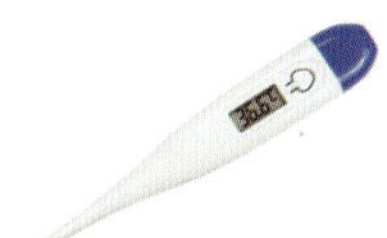

das/der Fieber-thermometer
de **koortsthermometer**
[koːrtstɛrmometər]

das/der Hustenbonbon
de **hoestpastille**
[ˈhus(t)pastijə]

die Slipeinlage
het **inlegkruisje**
[ˈɪnlɛχkrœʃə]

der Tampon
de **tampon**
[tamˈpɔn]

der Ohrstöpsel
het **oordopje**
[ˈoːrdɔpjə]

das Deodorant
de **deodorant**
[dejodoˈrant]

das Symptom	het **symptoom** [sɪmpˈtom]
die Nebenwirkung	de **bijwerking** [ˈbɛiwɛrkɪŋ]
der Beipackzettel	de **bijsluiter** [ˈbɛislœytər]
die Hautpflege	de **huidverzorging** [ˈhœytfərzɔrχɪŋ]
das Schmerzmittel	de **pijnstiller** [ˈpɛinstɪlər]
das Beruhigungsmittel	het **kalmeermiddel** [kalˈmeːrmɪdəl]
die Schlaftablette	de **slaappil** [ˈslapɪl]
das Verfallsdatum	de **houdbaarheidsdatum** [ˈhautbaːrhɛitsdatœm]

die Nagelfeile
de **nagelvijl**
[ˈnaχəlvɛil]

DIE KÖRPERPFLEGE – DE LICHAAMSVERZORGING

die Zahnpasta
de **tandpasta**
[ˈtampasta]

das Parfüm
het **parfum**
[parˈfœ̃]

die Gesichtscreme
de **gezichtscrème**
[χəzɪχskrɛ:m]

der Kamm
de **kam**
[kam]

das Duschgel
de **douchegel**
[ˈduʒdʒɛl]

das Shampoo
de **shampoo**
[ˈʃampo]

die Spülung
de **crèmespoeling**
[ˈkrɛ:mspulɪŋ]

die Seife
de **zeep**
[zep]

die Haarbürste
de **haarborstel**
[ˈha:rbɔrstəl]

der Kulturbeutel
de **toilettas**
[twaˈlɛtas]

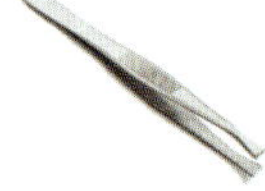

die Pinzette
het/de **pincet**
[pɪnˈsɛt]

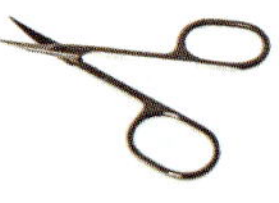

die Nagelschere
het **nagelschaartje**
[ˈnaχəlsχa:rtjə]

ARBEIT UND KOMMUNIKATION
WERK EN COMMUNICATIE

DIE ARBEITSWELT – HET BEROEPSLEVEN

das Bewerbungsgespräch
het **sollicitatiegesprek**
[sɔlisiˈtatsiχəsprɛk]

die Bewerberin
de **sollicitante**
[sɔlisitantə]

die Personalreferentin
de **personeelsfunctionaris**
[pɛrsoˈnelsfœŋkʃonarɪs]

die Bewerbungsunterlagen
de (pl) **sollicitatiestukken**
[sɔlisiˈtatsistœkən]

der Lebenslauf
het **cv**
[seˈve]

die Stellenanzeige
de **personeelsadvertentie**
[pɛrsoˈnelsatfərtɛntsi]

sich um eine Stelle bewerben	**solliciteren naar een betrekking** [sɔlisiˈteːrən naːr ən bəˈtrɛkɪŋ]
die Arbeitsbedingungen	de (pl) **arbeidsvoorwaarden** [ˈɑrbɛitsvoːrwaːrdən]
die Schichtarbeit	de **ploegendienst** [ˈpluχədinst]
die Teilzeit	de **deeltijdbaan** [ˈdeltɛidban]
die Vollzeit	de **voltijdbaan** [ˈvɔltɛidban]
die Qualifikation	de **kwalificatie** [kwalifiˈkatsi]
die Berufserfahrung	de **werkervaring** [ˈwɛrkərvaːrɪŋ]

die Schere
de **schaar**
[sχaːr]

der Kugelschreiber
de **balpen**
[ˈbalpɛn]

der Textmarker
de **markeerstift**
[marˈkeːrstɪft]

der Stiftehalter
het **pennenbakje**
[ˈpɛnəbakjə]

das Notizbuch
het **notitieboekje**
[noˈtitsibukjə]

die Haftnotiz
het **zelfklevende memo**
[ˈzɛlfklevəndə ˈmemo]

der Bleistift
het **potlood**
[ˈpɔtlot]

der Bleistiftspitzer
de **puntenslijper**
[ˈpœntəslɛipər]

die Reißzwecke
de **punaise**
[pyˈnɛːzə]

der Radiergummi
de/het **vlakgom**
[ˈvlakχɔm]

die Büroklammer
de **paperclip**
[ˈpepɛrklɪp]

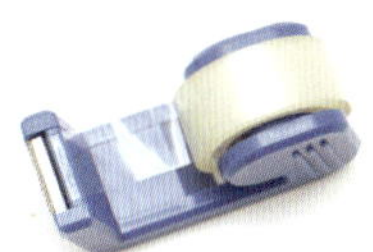

der Tesafilm®
het **plakband**
[ˈplagbant]

der Tacker
de **nietmachine**
[ˈnitmaʃinə]

der Locher
de **perforator**
[pɛrfoˈratɔr]

der Ordner
de **ordner**
[ˈɔrtnər]

DIE ARBEITSWELT – HET BEROEPSLEVEN

die Sitzung
de **vergadering**
[vərˈχadərɪŋ]

der Teamleiter
de **teamleider**
[ˈtimlɛidər]

der Teilnehmer
de **deelnemer**
[ˈdelnemər]

die Tagesordnung
de **agenda**
[aˈχənda]

protokollieren
notuleren
[notyle:rən]

der Besprechungstisch
de **vergadertafel**
[vərˈχadərtafəl]

die Präsentation
de **presentatie**
[prezɛnˈta(t)si]

der Beamer
de **beamer**
[ˈbi:mər]

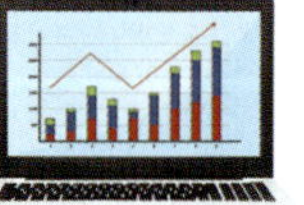

die Folie
de **dia**
[ˈdija]

das Tortendiagramm
het **cirkeldiagram**
[ˈsɪrkəldiaχram]

der Arbeitgeber
de **werkgever**
[ˈwɛrkχevər]

① *die Assistentin*
de **assistente**
[ɑsiˈstɛntə]

② *der Kollege*
de **collega**
[kɔˈleχa]

③ *der Arbeitnehmer*
de **werknemer**
[ˈwɛrknemər]

④ *die Kollegin*
de **collega**
[kɔˈleχa]

⑤ *die Managerin*
de **manager**
[ˈmɛnədʒər]

⑥ *der Chef*
de **baas**
[bas]

die Vertretung	de **vervanging** [vərˈvɑŋɪŋ]
der Jahresurlaub	het **aantal vakantiedagen** [ˈantɑl vaˈkɑn(t)sidaχən]
das Gehalt	het **salaris** [saˈlarɪs]
die Beförderung	de **promotie** [proˈmotsi]
jemandem kündigen	**iemand ontslaan** [ˈimɑnt ɔntˈslan]
seine Stelle kündigen	**zijn baan opzeggen** [zən ban ˈɔpsɛχən]
verdienen	**verdienen** [vərˈdinən]
in Rente gehen	**met pensioen gaan** [mɛt pɛnˈʃun χan]

entlassen werden
ontslagen worden
[ɔntˈslaχə wɔrdən]

DER COMPUTER – DE COMPUTER

der Desktop-Computer
de **desktopcomputer**
[ˈdɛsktɔpkɔmpjutər]

der Ein/Aus-Schalter
de **aan-uitknop**
[anˈœytknɔp]

die USB-Schnittstelle
de **usb-poort**
[yɛsˈbepoːrt]

das CD/DVD-Laufwerk
het **cd/dvd-station**
[seˈde/deveˈdestaˈʃɔn]

die Tastatur
het **toetsenbord**
[ˈtutsəbɔrt]

der Bildschirm
het **beeldscherm**
[ˈbeltsχɛrm]

die Maus
de **muis**
[mœys]

das Scrollrad
het **scrollwieltje**
[skrɔlwieltjə]

der/das Laptop
de **laptop**
[ˈlɛptɔp]

das Stromkabel
de **voedingskabel**
[ˈvudɪŋskabəl]

die Webcam
de **webcam**
[ˈwɛpkɛm]

der Lautsprecher
de **luidspreker**
[ˈlœytsprekər]

die CD-ROM
de **cd-rom**
[sedeˈrɔm]

der USB-Stick
de **usb-stick**
[yɛsˈbestɪk]

der Scanner
de **scanner**
[ˈskɛnər]

der Tintenstrahldrucker
de **inkjetprinter**
[ˈɪŋkdʒɛtprɪntər]

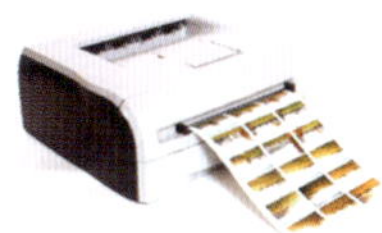

der Laserdrucker
de **laserprinter**
[ˈlezərprɪntər]

die Tintenpatrone
de **inktpatroon**
[ˈɪŋktpatron]

die Tonerkartusche
de **tonerpatroon**
[ˈtonərpatron]

das Mauspad
de **muismat**
[ˈmœysmɑt]

eingeben	**invoeren** [ˈɪnvu:rən]
eine Datei verschieben	**een bestand verplaatsen** [ən bəˈstɑnt vərˈplɑtsən]
eine Sicherungskopie erstellen	**een backup maken** [ən bɛkˈœp makən]
markieren	**selecteren** [selɛkˈte:rən]
sich einloggen	**inloggen** [ˈɪnlɔχən]
sich ausloggen	**uitloggen** [ˈœytlɔχən]
der Neustart	de **herstart** [hɛrˈstɑrt]
(die) Bytes	de (pl) **bytes** [baits]

tippen
typen
[ˈtipən]

DER COMPUTER – DE COMPUTER

klicken
klikken
[ˈklɪkeŋ]

scrollen
scrollen
[ˈskrɔːlən]

ausschneiden
knippen
[ˈknɪpən]

kopieren
kopiëren
[kopiˈjeːrən]

einfügen
plakken
[ˈplɑkən]

eine Datei ausdrucken
een bestand printen
[ən bəˈstɑnt ˈprɪntən]

speichern
opslaan
[ˈɔpslan]

eine Datei öffnen
een bestand openen
[ən bəˈstɑnt ˈopənən]

löschen
wissen
[ˈwɪsən]

der Ordner
de **map**
[mɑp]

der Papierkorb
de **prullenmand**
[ˈprœləmɑnt]

suchen
zoeken
[ˈzukən]

rückgängig machen
ongedaan maken
[ɔŋχə'dan 'makən]

wiederherstellen
herstellen
[hɛr'stɛlən]

die Einstellungen
de (pl) **instellingen**
['ɪnstɛlɪŋən]

die Schriftart
het **lettertype**
['lɛtərtipə]

den Rechner hochfahren
de computer opstarten
[də kɔm'pjutər 'ɔpstartən]

den Rechner herunterfahren
de computer afsluiten
[də kɔm'pjutər 'afslœytən]

der Mauszeiger
de **cursor**
['kœrzɔr]

die Sanduhr
de **zandloper**
['zantlopər]

die Datei	het **bestand** [bəstant]
das Programm	het **programma** [pro'χrama]
der Scrollbalken	de **schuifbalk** ['sχœyvbalk]
ein Programm installieren	**een programma installeren** [ən pro'χrama ɪnsta'le:rən]
ein Programm deinstallieren	**een programma de-installeren** [ən pro'χrama 'deɪnsta'le:rən]
das Betriebssystem	het **besturingssysteem** [bə'sty:rɪŋsistem]
die Taskleiste	de **taakbalk** ['tagbalk]
der Fortschrittsbalken	de **voortgangsbalk** ['vo:rtχaŋsbalk]

die Fehlermeldung
de **foutmelding**
['fautmɛldɪŋ]

DAS INTERNET – HET INTERNET

das WLAN
de **wifi**
['wifi]

der Browser
de **browser**
['brauzər]

der Download
de **download**
['daunlot]

die Nachricht
het **bericht**
[bə'rɪχt]

die Social Media
de (pl) **sociale media**
[so'ʃalə 'medija]

die Verschlüsselung
de **versleuteling**
[vər'sløtəlɪŋ]

die E-Mail-Adresse
het **e-mailadres**
['imeladrɛs]

der Anhang
de **bijlage**
['bɛilaχə]

eine Mail weiterleiten
een mail doorsturen
[ən mel 'do:rsty:rən]

senden	**verzenden** [vər'zɛndən]
empfangen	**ontvangen** [ɔnt'faŋən]
das Benutzerkonto	de/het **account** [ə'kaunt]
der Posteingang	het **postvak in** ['pɔstfak ɪn]
der Postausgang	het **postvak uit** ['pɔstfak œyt]
die Abwesenheitsnotiz	het **afwezigheidsbericht** [af'wezəχɛitsbərɪχt]
die Spammail	de **spam** [spem]
im Internet surfen	**op internet surfen** [ɔp 'ɪntərnɛt 'sœrfən]

der Router
de **router**
[ˈrutər]

der Tablet-Computer
de **tablet**
[ˈtɛblət]

die SIM-Karte
de **simkaart**
[ˈsɪmkaːrt]

die App
de **app**
[ɛp]

das Handy
de **mobiele telefoon**
[moˈbilə teləˈfon]

der Surfstick
de **dongel**
[ˈdɔŋəl]

die SMS
de **sms**
[ɛzəmˈɛs]

das Smartphone
de **smartphone**
[ˈsmartfon]

der Datenspeicher	het **geheugen** [χəˈhøχən]
die Software	de **software** [ˈsɔftwɛːr]
das Funkloch	de **dode zone** [ˈdodə zɔːnə]
die Flatrate	de **flatrate** [ˈflɛtɹet]
die Prepaidkarte	de **prepaidkaart** [ˈpripetkaːrt]
das Guthaben	het **tegoed** [təˈχut]
der Klingelton	de **ringtone** [ˈrɪŋton]
der Akku	de **batterij** [batəˈrɛi]

der Touchscreen
het **aanraakscherm**
[ˈanraksχɛr(ə)m]

DAS TELEFON – DE TELEFOON

das Display
de/het **display**
['dɪsple]

der Anrufbeantworter
het **antwoordapparaat**
['antwo:rtaparat]

das Tastenfeld
het **toetsenpaneel**
['tutsəpanel]

der Telefonhörer
de **hoorn**
['ho:rən]

das Kabel
het **snoer**
[snu:r]

der Kopfhörer
de **headset**
['hɛ:tsɛt]

das Mikrofon
de **microfoon**
[mikro'fon]

das Faxgerät
het **faxapparaat**
['faksaparat]

jemanden anrufen	**iemand bellen** ['imant 'bɛlən]
wählen	**kiezen** ['kizən]
klingeln	**overgaan** ['ovərgan]
Ich möchte bitte ... sprechen.	**Ik wil graag spreken met ...** [ɪk wɪl χraχ 'sprekə mɛt]
Entschuldigung, ich habe mich verwählt.	**Sorry, verkeerd verbonden.** ['sɔri vər'ke:rt vər'bɔndən]
Ich stelle Sie durch.	**Ik verbind u door.** [ɪk fər'bɪŋt y do:r]
Bitte hinterlassen Sie eine Nachricht nach dem Signalton.	**U kunt een boodschap inspreken na de pieptoon.** [y kønt əm 'botsχap 'ɪnspekən na də 'pipton]
Können Sie mich bitte zurückrufen?	**Kunt u mij terugbellen?** ['kœnty mɛi 'trœχbɛlən]

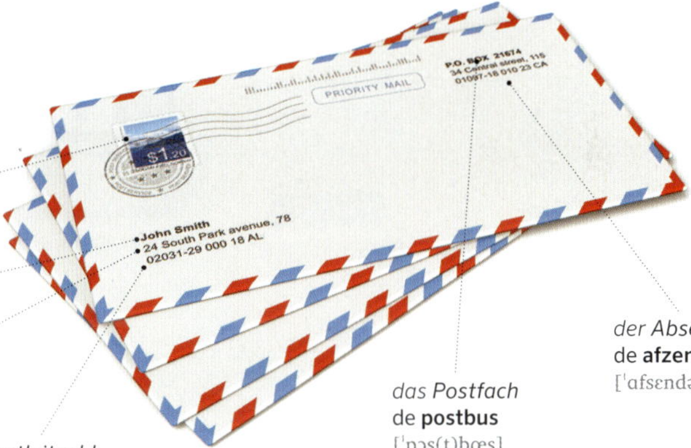

DIE POST – DE POST

der Briefumschlag
de **envelop**
[ãvəˈlɔp]

die Briefmarke
de **postzegel**
[ˈpɔ(st)seχəl]

der Empfänger
de **geadresseerde**
[χeadrɛˈse:rdə]

die Adresse
het **adres**
[aˈdrɛs]

die Postleitzahl
de **postcode**
[ˈpɔs(t)kodə]

das Postfach
de **postbus**
[ˈpɔs(t)bœs]

der Absender
de **afzender**
[ˈɑfsɛndər]

der Brief	de **brief** [brif]
der Eilbrief	de **spoedbrief** [ˈspudbrief]
portofrei	**portvrij** [pɔrtˈfrɛi]
einen Brief erhalten	**een brief krijgen** [əm brif krɛiχən]
einen Brief beantworten	**een brief beantwoorden** [əm brif bəˈɑntwo:rdən]
jemandem einen Brief schicken	**iemand een brief sturen** [ˈimɑnt əm brif ˈsty:rən]
das Einschreiben	de **aangetekende brief** [ˈaŋχətekəndə brif]

der Briefkasten
de **brievenbus**
[ˈbrivəbœs]

DIE POST – DE POST

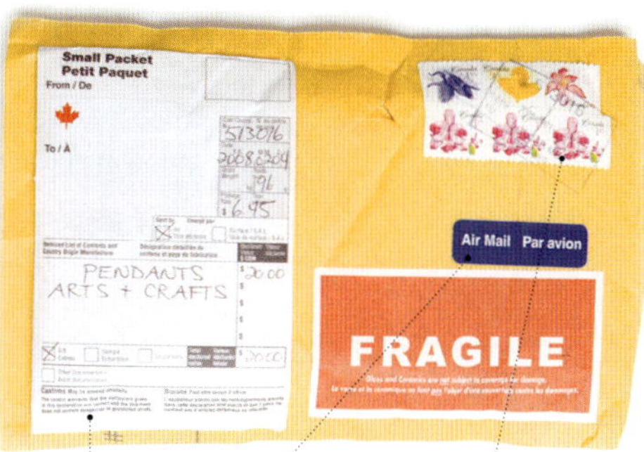

das Päckchen
het **pakje**
[ˈpakjə]

per Luftpost
per luchtpost
[pɛr ˈlœχ(t)pɔst]

das Porto
de **porto**
[ˈpɔrto]

oben
deze kant boven
[ˈdezə kant ˈbovən]

zerbrechlich
breekbaar
[ˈbregba:r]

vor Nässe schützen
droog houden
[ˈdroχhaudən]

das Paket
het **pakket**
[paˈkɛt]

liefern	**bezorgen** [bəˈzɔrχən]
die Leerungszeiten	de **lichtingstijden** [ˈlɪχtɪŋstɛidən]
versandkostenfrei	**geen verzendingskosten** [χen vərˈzɛndɪŋskɔstən]
das Gewicht	het **gewicht** [χeˈwɪχt]
die Waage	de **weegschaal** [ˈweχsχal]
der Hausbriefkasten	de **brievenbus** [ˈbrivəbœs]
die Postanweisung	de **postwissel** [ˈpɔstwɪsəl]
Nicht knicken!	**Niet vouwen** [nit ˈvauwən]

KLEIDUNG
KLEDING

BABYSACHEN – BABYSPULLEN

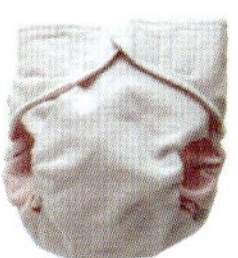

die Stoffwindel
de **katoenen luier**
[ka'tunə 'lœyjər]

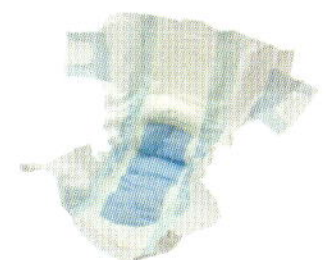

die Wegwerfwindel
de **wegwerpluier**
['wɛχwɛrplœyjər]

der Schneeanzug
het **winterpakje**
['wɪntərpakjə]

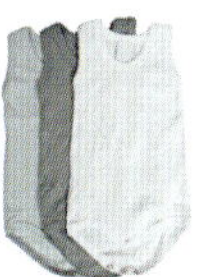

der Body
het **rompertje**
['rɔmpərtjə]

der Babyfäustling
het **babywantje**
['bebiwancə]

der Strampler
het **kruippakje**
['krœypakjə]

die Mütze
het **mutsje**
['mœtʃə]

das Babyschühchen
het **babyslofje**
['bebislɔfjə]

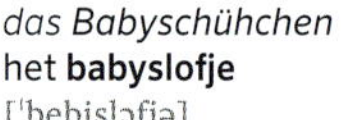

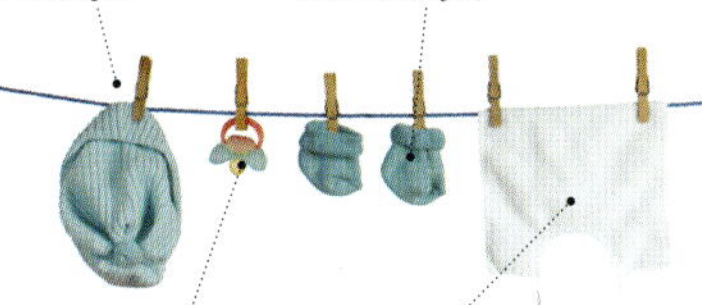

der Schnuller
de **fopspeen**
['fɔpspen]

das Lätzchen
het **slabbetje**
['slabəcə]

der Sonnenhut
het **zonnehoedje**
['zɔnəhucə]

das Söckchen
het **sokje**
['sɔkjə]

die Babydecke
de **babydeken**
['bebidekən]

HERRENKLEIDUNG – HERENKLEDING

der Anzug
het **pak**
[pak]

der Kragen
de **kraag**
[kraχ]

die Krawatte
de **stropdas**
[ˈstrɔbdas]

das Hemd
het **overhemd**
[ˈovərhɛmt]

der/das Sakko
het **jasje**
[ˈjaʃə]

die Hose
de **broek**
[bruk]

das T-Shirt
het **T-shirt**
[ˈtiʃœrt]

das Polohemd
het **poloshirt**
[ˈpoloʃœrt]

der Rollkragenpullover
de **coltrui**
[ˈkɔltrœy]

die kurze Hose
de **korte broek**
[ˈkɔrtə bruk]

die Unterhose
de **onderbroek**
[ˈɔndərbruk]

die Badehose
de **zwembroek**
[ˈzwɛmbruk]

DAMENKLEIDUNG – DAMESKLEDING

das Schulterpolster
de **schoudervulling**
[ˈsχaudərvœlɪŋ]

das Oberteil
het **topje**
[ˈtɔpjə]

der Blazer
de **blazer**
[ˈblezər]

die Jeans
de **spijkerbroek**
[spɛikərbruk]

die Stiefelette
het **enkellaarsje**
[ˈɛŋkəla:rʃə]

das Kleid
de **jurk**
[jœrk]

das Trägertop
het **mouwloos hemdje**
[ˈmaulos ˈhɛmpjə]

die Bluse
de **bloes**
[blus]

die Strickjacke
het **vest**
[vɛst]

der Rock
de **rok**
[rɔk]

die Shorts
de **damesshort**
[ˈdaməʃɔrt]

die Strumpfhose
de **maillot**
[mɑˈjo]

die Leggings
de **legging**
[ˈlɛɡɪŋ]

der BH
de **beha**
[beˈha]

der Badeanzug
het **badpak**
[ˈbɑtpɑk]

der Slip
de **slip**
[slɪp]

die Socke
de **sok**
[sɔk]

die Brille
de **bril**
[brɪl]

die Sonnenbrille
de **zonnebril**
[ˈzɔnəbrɪl]

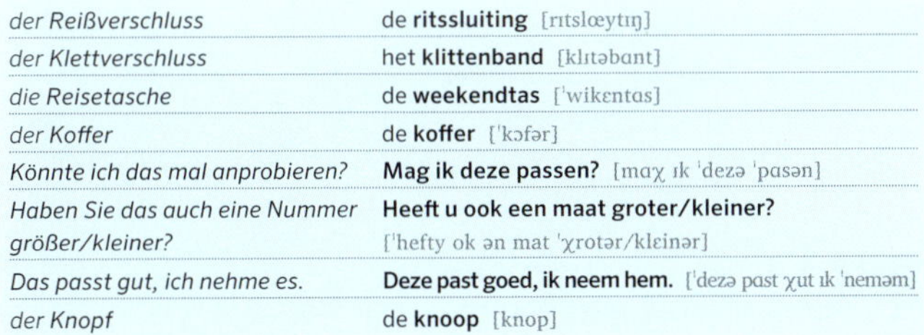

der Reißverschluss	de **ritssluiting** [rɪtslœytɪŋ]
der Klettverschluss	het **klittenband** [klɪtəbɑnt]
die Reisetasche	de **weekendtas** [ˈwikɛntɑs]
der Koffer	de **koffer** [ˈkɔfər]
Könnte ich das mal anprobieren?	**Mag ik deze passen?** [mɑχ ɪk ˈdezə ˈpɑsən]
Haben Sie das auch eine Nummer größer/kleiner?	**Heeft u ook een maat groter/kleiner?** [ˈhefty ok ən mat ˈχrotər/klɛinər]
Das passt gut, ich nehme es.	**Deze past goed, ik neem hem.** [ˈdezə pɑst χut ɪk ˈneməm]
der Knopf	de **knoop** [knop]

der Rucksack
de **rugzak**
[ˈrœχsɑk]

SCHUHE UND LEDERWAREN – SCHOENEN EN LEDERWAREN

die Sandale
de **sandaal**
[san'dal]

der Gummistiefel
de **rubberlaars**
[rœbər'la:rs]

der Flip-Flop®
de **teenslipper**
['tenslɪpər]

der hohe Stiefel
de **hoge laars**
['hoχe la:rs]

der Turnschuh
de **gymschoen**
['χɪmsχun]

der Gürtel
de **riem**
[rim]

der Schnürschuh
de **veterschoen**
['vetərsχun]

der Wanderstiefel
de **wandelschoen**
['wandəlsχun]

die Trekkingsandale
de **trekkingsandaal**
['trɛkɪŋsandal]

der Schnürsenkel	de **schoenveter** ['sχunvetər]
die Gürtelschlaufe	de **riemlus** ['rimlœs]
der Keilabsatz	de **sleehak** ['slehak]
der Absatz	de **hak** [hak]
die Sohle	de **zool** [zol]
der Riemen	het **bandje** [bancə]
die Schnalle	de **gesp** [χɛsp]

NOTDIENSTE
NOODDIENSTEN

ERSTE HILFE – EERSTE HULP

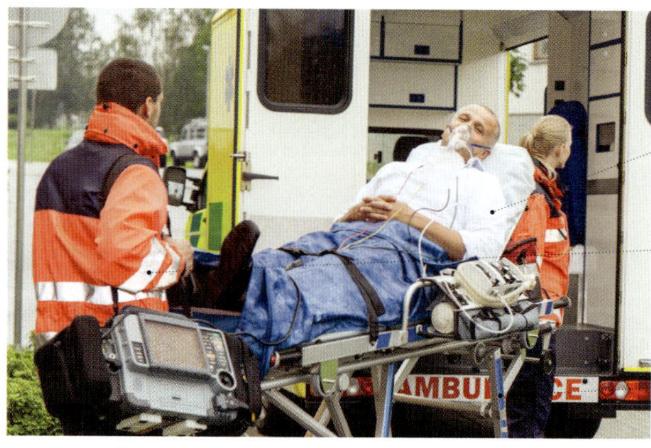

der Rettungswagen
de **ambulance**
[amby'lã:s]

das Unfallopfer
het **slachtoffer**
['slaχtɔfər]

der Sanitäter
de **ambulance-verpleegkundige**
[ambylã:sfərpleχ'kœndəχe]

die Trage
de **brancard**
[braŋ'ka:r]

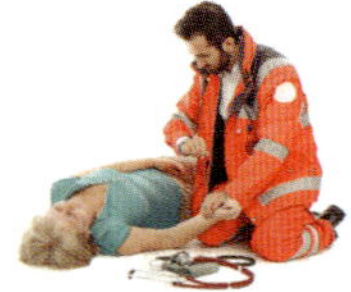

die Pulsmessung
het **polsmeten**
['pɔlsmetən]

die stabile Seitenlage
de **stabiele zijligging**
[sta'bilə 'zɛilɪχɪŋ]

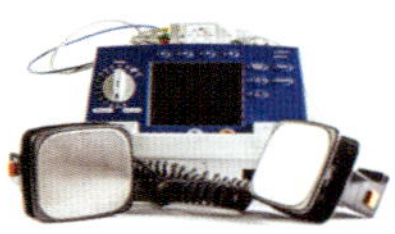

der Defibrillator
de **defibrillator**
[defibrɪ'latɔr]

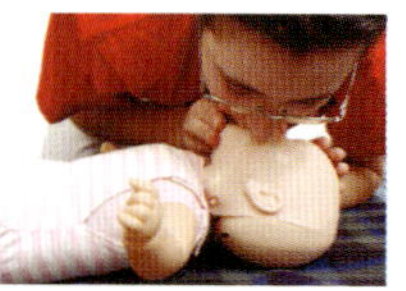

die Mund-zu-Mund-Beatmung
de **mond-op-mond-beademing**
[mɔntɔp'mɔntbəadəmɪŋ]

DIE POLIZEI – DE POLITIE

die Polizistin
de **politieagente**
[po'li(t)siaχɛntə]

der Polizist
de **politieagent**
[po'li(t)siaχɛnt]

das Polizeiauto
de **politieauto**
[po'li(t)siauto]

der Einbruch
de **inbraak**
['ɪmbrak]

der Diebstahl
de **diefstal**
['difstal]

die Gewalt
het **geweld**
[χə'wɛlt]

der Raubüberfall
de **roofoverval**
['rofovərval]

die Straftat	het **delict** [de'lɪkt]
die Körperverletzung	het **lichamelijk letsel** [lɪ'χamələk 'lɛtsəl]
die Vergewaltigung	de **verkrachting** [vər'kraχtɪŋ]
der Mord	de **moord** [moːrt]
der Überfall	de **overval** ['ovərval]
fliehen	**vluchten** ['vlœχtən]
belästigen	**lastigvallen** ['lastəχfalən]
die Schuld	de **schuld** [sχœlt]

der Taschendiebstahl
het **zakkenrollen**
['zakərɔlən]

DIE FEUERWEHR – DE BRANDWEER

der Notausgang
de **nooduitgang**
[ˈnotœytχaŋ]

der Feuerwehrmann
de **brandweerman**
[ˈbrantweːrman]

der Feuerlöscher
de **brandblusser**
[ˈbrandblœsər]

der Hydrant
de **brandkraan**
[ˈbrantkran]

der Sammelpunkt
de **verzamelplaats**
[vərˈzaməlplats]

der Rauchmelder
de **rookmelder**
[ˈrokmɛldər]

die Schwimmweste
het **zwemvest**
[ˈzwɛmvɛst]

der Rettungsring
de **reddingsband**
[ˈrɛdɪŋzbant]

die Notrufnummer
het **alarmnummer**
[aˈlar(ə)mnœmər]

der/die Vermisste	de **vermiste persoon** [vərˈmɪstə pɛrˈson]
die Suchmannschaft	het **zoekteam** [ˈzuktim]
die Gefahr	het **gevaar** [χəˈvaːr]
Hilfe!	**Help!** [hɛl(ə)p]
Es ist ein Unfall passiert!	**Er is een ongeluk gebeurd!** [ɛr ɪs ən ˈɔŋχəlœk χeˈbøːrt]
Rufen Sie einen Rettungswagen!	**Bel een ziekenwagen!** [bɛl ən ˈzikəwaχən]
Rufen Sie die Polizei!	**Bel de politie!** [bɛl də poˈli(t)si]
Rufen Sie die Feuerwehr!	**Bel de brandweer!** [bɛl də ˈbrantweːr]

GELD, ZAHLEN UND ZEIT

GELD, GETALLEN EN TIJD

DIE BANK – DE BANK

das Chipkartenterminal
het **pinapparaat**
[ˈpɪnɑparat]

die EC-Karte
de **bankpas**
[ˈbaŋkpɑs]

das Tastenfeld
het **toetsenbord**
[ˈtutsəbɔrt]

der Schalter
de **balie**
[ˈbali]

die Kassiererin
de **caissière**
[kɑˈʃɛ:rə]

das Onlinebanking
het **internetbankieren**
[ˈɪntərnɛtbɑŋki:rən]

die Kontoüberziehung	**in het rood staan** [ɪn ət rot stan]
das Girokonto	de **betaalrekening** [bəˈtalrekənɪŋ]
das Sparkonto	de **spaarrekening** [spa:rekənɪŋ]
die PIN-Nummer	de **pin** [pɪn]
der Zinssatz	het **rentetarief** [ˈrɛntətarif]
das Darlehen	de **lening** [ˈlenɪŋ]
die Hypothek	de **hypotheek** [hipoˈtek]
die Kontonummer	het **rekeningnummer** [ˈrekənɪŋnœmər]

DIE BANK – DE BANK

der Geldschein
het **bankbiljet**
['baŋgbɪljɛt]

die Münze
de **munt**
['mœnt]

die Währung
de **valuta**
[va'lyta]

die Kreditkarte
de **creditcard**
['kɹɛdɪtkɑ:ɹt]

der Geldautomat
de **geldautomaat**
['χɛltɑutomat]

Geld einzahlen
geld storten
[χɛlt 'stɔrtən]

Geld abheben
geld opnemen
[χɛlt 'ɔpnemən]

die Rechnung
de **rekening**
['rekənɪŋ]

Könnten Sie mir das bitte wechseln?	**Kan ik dit wisselen?** [kɑn ɪk dɪt 'wɪsələn]
Wie ist der aktuelle Wechselkurs?	**Wat is de huidige wisselkoers?** [wɑt ɪs də 'hœydəχə 'wɪsəlku:rs]
Ich möchte gerne ein Konto eröffnen.	**Ik wil graag een rekening openen.** [ɪk wɪl χraχ ən 'rekənɪŋ 'opənən]
der Betrag	het **bedrag** [bə'drɑχ]
die Provision	de **provisie** [pro'vizi]
die Wechselstube	het **wisselkantoor** ['wɪsəlkɑnto:r]

der Überweisungsschein
het **overschrijvings-formulier**
['ovərsχrɛivɪŋsfɔrmyli:r]

DIE ZAHLEN – DE GETALLEN

null
nul
[nœl]

eins
een
[en]

zwei
twee
[twe]

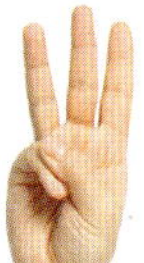

drei
drie
[dri]

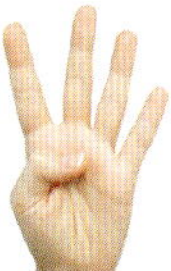

vier
vier
[vi:r]

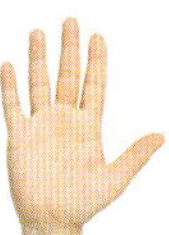

fünf
vijf
[vɛif]

sechs
zes
[zɛs]

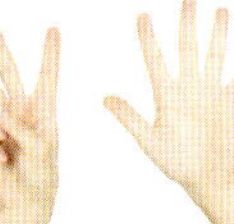

sieben
zeven
[ˈzevən, zøvən]

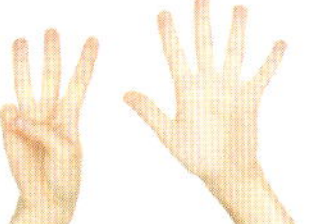

acht
acht
[ɑχt]

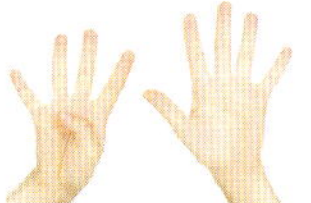

neun
negen
[ˈneχən]

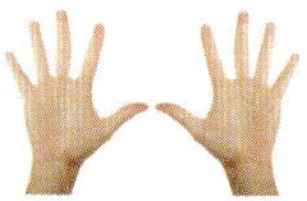

zehn
tien
[tin]

elf	**elf** [ɛl(ə)f]
zwölf	**twaalf** [twal(ə)f]
dreizehn	**dertien** ['dɛrtin]
vierzehn	**veertien** ['veːrtin]
fünfzehn	**vijftien** ['vɛiftin]
sechzehn	**zestien** ['zɛstin]
siebzehn	**zeventien** ['zevə(n)tin]
achtzehn	**achttien** ['ɑχtin]
neunzehn	**negentien** ['neχə(n)tin]
zwanzig	**twintig** ['twɪntəχ]
einundzwanzig	**eenentwintig** ['enəntwɪntəχ]
zweiundzwanzig	**tweeëntwintig** ['tweəntwɪntəχ]
dreiundzwanzig	**drieëntwintig** ['driəntwɪntəχ]
dreißig	**dertig** ['dɛrtəχ]
vierzig	**veertig** ['veːrtəχ]
fünfzig	**vijftig** ['vɛiftəχ]
sechzig	**zestig** [''sɛstəχ]
siebzig	**zeventig** ['sevə(n)təχ]
achtzig	**tachtig** ['tɑχtəχ]
neunzig	**negentig** ['neχə(n)təχ]
hundert	**honderd** ['hɔndərt]
zweihundert-zweiundzwanzig	**tweehonderdtweeëntwintig** ['twehɔndert 'twejən 'twɪntəχ]
tausend	**duizend** ['dœyzənt]
zehntausend	**tienduizend** ['tindœyzənt]
zwanzigtausend	**twintigduizend** ['twɪntəχdœyzənt]
fünfzigtausend	**vijftigduizend** ['vɛiftəχdœyzənt]
fünfundfünfzig-tausend	**vijfenvijftigduizend** ['vɛifənvɛiftəχdœyzənt]
hunderttausend	**honderdduizend** ['hɔndərdœyzənt]
eine Million	**een miljoen** [en mil'jun]
eine Milliarde	**een miljard** [en mɪl'jɑrt]
eine Billion	**een biljoen** [en bɪl'jun]

DIE ZAHLEN – DE GETALLEN

erste(r, s)	**eerste** ['e:rstə]
zweite(r, s)	**tweede** ['twe'de]
dritte(r, s)	**derde** ['dɛrdə]
vierte(r, s)	**vierde** ['vi:rdə]
fünfte(r, s)	**vijfde** ['vɛivdə]
sechste(r, s)	**zesde** ['zɛzdə]
siebte(r, s)	**zevende** ['zevəndə]
achte(r, s)	**achtste** ['ɑχ(t)stə]
neunte(r, s)	**negende** ['neχəndə]
zehnte(r, s)	**tiende** [tində]
elfte(r, s)	**elfde** ['ɛl(ə)fdə]
zwölfte(r, s)	**twaalfde** ['twal(ə)fdə]
dreizehnte(r, s)	**dertiende** ['dɛrtində]
vierzehnte(r, s)	**veertiende** ['ve:rtində]
fünfzehnte(r, s)	**vijftiende** ['vɛiftində]
sechzehnte(r, s)	**zestiende** ['zɛstində]
siebzehnte(r, s)	**zeventiende** ['zevə(n)tində]
achtzehnte(r, s)	**achttiende** ['ɑχtində]
neunzehnte(r, s)	**negentiende** ['neχə(n)tində]
zwanzigste(r, s)	**twintigste** ['twɪntəχstə]
einundzwanzigste(r, s)	**eenentwintigste** ['enəntwɪntəχstə]
zweiundzwanzigste(r, s)	**tweeëntwintigste** ['twejəntwɪntəχstə]

dreißigste(r, s)	**dertigste** ['dɛrtəχstə]
vierzigste(r, s)	**veertigste** ['ve:rtəχstə]
fünfzigste(r, s)	**vijftigste** ['vɛiftəχste]
sechzigste(r, s)	**zestigste** ['sɛstəχstə]
siebzigste(r, s)	**zeventigste** ['sevə(n)təχstə]
achtzigste(r, s)	**tachtigste** ['tɑχtəχstə]
neunzigste(r, s)	**negentigste** ['neχə(n)təχstə]
hundertste(r, s)	**honderdste** ['hɔndertstə]
zweihunderterste(r, s)	**tweehonderdste** ['twehɔndertstə]
zweihundert-fünfundzwanzigste(r, s)	**tweehonderdvijfentwintigste** ['twehɔndərt 'vɛifən'twɪntəχʃtə]
dreihundertste(r, s)	**driehonderdste** ['drihɔndertstə]
tausendste(r, s)	**duizendste** ['dœyzən(t)stə]
zehntausendste(r, s)	**tienduizendste** ['tindœyzən(t)stə]
millionste(r, s)	**miljoenste** [mɪl'junstə]
zehnmillionste(r, s)	**tienmiljoenste** ['timɪljunstə]
vorletzte(r, s)	**een-na-laatste** ['enalatstə]
letzte(r, s)	**laatste** ['latstə]

DIE ZAHLEN – DE GETALLEN

ein halber/ein halbes/eine halbe	**een half** [ən ˈhɑl(ə)f]
ein Drittel	**een derde** [ən ˈdɛrdə]
ein Viertel	**een kwart** [əŋ ˈkwart]
ein Fünftel	**een vijfde** [ən ˈvɛivdə]
ein Achtel	**een achtste** [ən ˈɑχ(t)stə]
drei Viertel	**drie vierde** [driˈviːrdə]
zwei Fünftel	**twee vijfde** [tweˈvɛivdə]
siebeneinhalb	**zeven en een half** [ˈzevən ɛn ən hɑl(ə)f]
zwei Siebzehntel	**twee zeventiende** [twe zevə(n)ˈtində]
fünf und drei Achtel	**vijf en drie achtste** [vɛif ɛn driˈɑχ(t)stə]
einmal	**eenmaal** [ˈemal]
zweimal	**tweemaal** [ˈtwemal]
dreimal	**driemaal** [ˈdrimal]
viermal	**viermaal** [ˈviːrmal]
mehrmals	**meermaals** [ˈmeːrmals]
manchmal	**soms** [sɔms]
niemals	**nooit** [nojt]
einfach	**enkel** [ˈɛŋkəl]
doppelt/zweifach	**dubbel** [ˈdœbəl]
dreifach	**drievoudig** [driˈvɑudəχ]
vierfach	**viervoudig** [viːrˈvɑudəχ]
fünffach	**vijfvoudig** [vɛiˈfɑudəχ]
sechsfach	**zesvoudig** [zɛsˈfɑudəχ]
mehrfach/vielfach	**veelvoudig** [velˈvɑudəχ]

ein Paar	**een paar** [em paːr]
ein paar	**een paar** [əm paːr]
wenige	**weinig** [ˈwɛinəχ]
manche	**sommige** [ˈsɔməχə]
viele	**veel** [vel]
beide	**beide** [ˈbɛidə]
alle	**alle** [ˈɑlə]
jeder/jede/jedes	**ieder** [ˈidər]

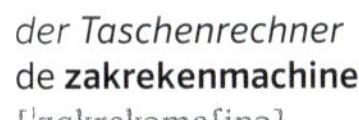

der Taschenrechner
de **zakrekenmachine**
[ˈzɑkrekəmaʃinə]

das Prozent
het **procent**
[proˈsɛnt]

der Dezimalpunkt
het **decimaalteken**
[desiˈmaltekən]

dividieren
delen
[ˈdelən]

multiplizieren
vermenigvuldigen
[vərmenəχˈfœldəχən]

subtrahieren
aftrekken
[ˈɑftrɛkən]

addieren
optellen
[ˈɔptɛlən]

ist gleich
is gelijk aan
[ɪs χəˈlɛik an]

DIE ZEIT – DE TIJD

ein Uhr
een uur ('s nachts)
[en y:r (snɑχ(t)s)]

zwei Uhr
twee uur ('s nachts)
[twe y:r (snɑχ(t)s)]

drei Uhr
drie uur ('s nachts)
[dri y:r (snɑχ(t)s)]

vier Uhr
vier uur ('s morgens)
[vi:r y:r (ˈsmorχəns)]

fünf Uhr
vijf uur ('s morgens)
[vɛif y:r (ˈsmorχəns)]

sechs Uhr
zes uur ('s morgens)
[zɛs y:r (ˈsmorχəns)]

sieben Uhr
zeven uur ('s morgens)
[ˈzevən y:r (ˈsmorχəns)]

acht Uhr
acht uur ('s morgens)
[ɑχt y:r (ˈsmorχəns)]

zwölf Uhr mittags
twaalf uur ('s middags)
[twal(ə)f y:r ˈsmɪdɑχs]

die Stunde	het **uur** [y:r]
die Minute	de **minuut** [miˈnyt]
eine halbe Stunde	het **half uur** [hɑl(ə)fˈy:r]
die Sekunde	de **seconde** [səˈkɔndə]
Wie viel Uhr ist es?	**Hoe laat is het?** [huˈlat ˈɪsət]
Es ist zwei Uhr.	**Het is twee uur.** [hɛt ɪs twe y:r]
Um wie viel Uhr?	**Hoe laat?** [huˈlat]
Um sieben Uhr.	**Om zeven uur.** [ɔm ˈzevən y:r]

DIE ZEIT – DE TIJD

dreizehn Uhr
een uur ('s middags)
[en yːr ˈsmɪdɑχs]

vierzehn Uhr
twee uur ('s middags)
[twe yːr (ˈsmɪdɑχs)]

fünfzehn Uhr
drie uur ('s middags)
[dri yːr (ˈsmɪdɑχs)]

sechzehn Uhr
vier uur ('s middags)
[viːr yːr (ˈsmɪdɑχs)]

siebzehn Uhr
vijf uur ('s middags)
[vɛif yːr (ˈsmɪdɑχs)]

dreiundzwanzig Uhr
elf uur ('s avonds)
[ɛl(ə)f yːr (ˈsavɔn(t)s)]

Mitternacht
middernacht
[mɪdərˈnɑχt]

fünf nach zwölf
vijf over twaalf
[vɛif ˈovər twal(ə)f]

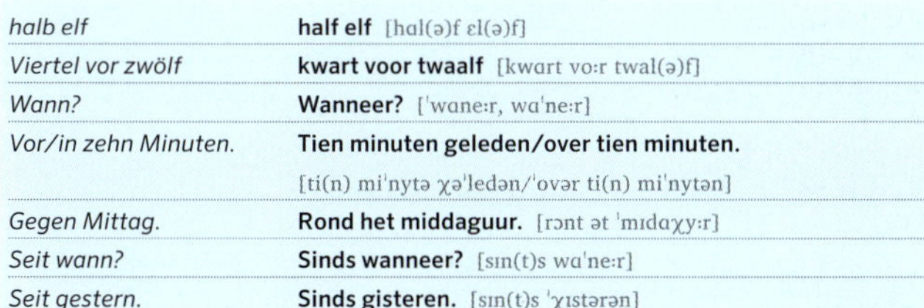

halb elf	**half elf** [hɑl(ə)f ɛl(ə)f]
Viertel vor zwölf	**kwart voor twaalf** [kwɑrt voːr twal(ə)f]
Wann?	**Wanneer?** [ˈwɑneːr, wɑˈneːr]
Vor/in zehn Minuten.	**Tien minuten geleden/over tien minuten.** [ti(n) miˈnytə χəˈledən/ˈovər ti(n) miˈnytən]
Gegen Mittag.	**Rond het middaguur.** [rɔnt ət ˈmɪdɑχyːr]
Seit wann?	**Sinds wanneer?** [sɪn(t)s wɑˈneːr]
Seit gestern.	**Sinds gisteren.** [sɪn(t)s ˈχɪstərən]

Viertel nach neun
kwart over negen
[kwɑrt ˈovər ˈneχən]

DIE ZEIT – DE TIJD

die Mitternacht
middernacht
[mɪdər'nɑχt]

der Morgen
de **morgen**
['mɔrχən]

der Mittag
het **middaguur**
['mɪdɑχy:r]

der Nachmittag
de **middag**
['mɪdɑχ]

der Abend
de **avond**
['avɔnt]

der Frühling
de **lente**
['lɛntə]

der Sommer
de **zomer**
['zomər]

der Herbst
de **herfst**
['hɛr(ə)fst]

der Winter
de **winter**
['wɪntər]

heute	**vandaag** [vɑn'daχ]
morgen	**morgen** ['mɔrχən]
übermorgen	**overmorgen** [ovər'mɔrχən]
gestern	**gisteren** ['χɪstərən]
vorgestern	**eergisteren** [e:r'χɪstərən]
Welches Datum haben wir heute?	**Wat is het voor datum vandaag?** [wɑt 'ɪsət vo:r 'datœm vɑn'daχ]
der 9. September 2017	**9 september 2017** ['neχə(n) sɛp'tɛmbər 'twedœyzənt 'zevə(n)tin]
der Feiertag	de **feestdag** ['fesdɑχ]

der Sonntag
de **zondag**
['zɔndaχ]
der Dienstag
de **dinsdag**
['dɪnzdaχ]
der Donnerstag
de **donderdag**
['dɔndərdaχ]
der Monat
de **maand**
[mant]
der Montag
de **maandag**
['mandaχ]
der Mittwoch
de **woensdag**
['wunzdaχ]
der Freitag
de **vrijdag**
['vrɛidaχ]
der Samstag
de **zaterdag**
['zatərdaχ]
das Datum
de **datum**
['datœm]
der Wochentag
de **weekdag**
['wegdaχ]
die Woche
de **week**
[wek]
der Tag
de **dag**
[daχ]
das Wochenende
het **weekend**
['wikɛnt]
das Jahr
het **jaar**
[ja:r]
June
2017
SUNDAY
MONDAY
TUESDAY
WEDNESDAY
THURSDAY
FRIDAY
SATURDAY
1 2 3 4 5 6 7
8 9 10 11 12 13 14
15 16 17 18 19 20 21
22 23 24 25 26 27 28
29 30
2017

MASSE – MATEN

der/das Liter
de **liter**
['litər]

der/das Milliliter
de **milliliter**
['mililitər]

die Unze
de **(fluid) ounce**
[('fluwɪt) ɑuns]

das Pint
de **pint**
[pɪnt]

das Gramm
het **gram**
[χram]

das Kilogramm
het **kilogram**
['kiloχram]

die Meile
de **mijl**
[mɛil]

der Kilometer
de **kilometer**
['kilometər]

der/das Meter	de **meter** ['metər]
der/das Quadratmeter	de **vierkante meter** ['vi:rkɑntə 'metər]
der/das Millimeter	de **millimeter** ['milimetər]
der/das Zentimeter	de **centimeter** ['sɛntimetər]
der Zoll	de **duim** [dœym]

INDEX
INDEX

Index Niederländisch
Index Nederlands

Index und Aussprache Deutsch
Index en uitspraak Duits

INDEX NIEDERLÄNDISCH
INDEX NEDERLANDS

9 september 2017 114

A

aanbouw, de 16
aangetekende brief, de 91
aanraakscherm, het 89
aanrecht, het 22
aantal vakantiedagen, het 83
aan-uitknop, de 84
aardappel, de 50
aardbei, de 53
abrikoos, de 53
account, de/het 88
accu, de 31, 42
accuboormachine, de 31
acht 106
acht uur ('s morgens) 112
achterlicht, het 40
achteruitkijkspiegel, de 39
achteruitrijden 37
achteruitrijlicht, het 40
achterwiel, het 45
achtste 108
achttien 107
achttiende 108
adapter, de 33
adres, het 91
afdekfolie, het/de 32
afdeling groente en fruit, de 62
afplakband, het 32
afrit, de 37
afscheid nemen 14
afspraak, de 70
afstandsbord, het 37
aftrekken 111
afwasmiddel, het 29
afwezigheidsbericht, het 88
afzender, de 91
afzuigkap, de 22
agenda, de 82
airbag, de 41
alarmnummer, het 102
alle 111
allergie, de 71
ambulance, de 100
ambulanceverpleegkundige, de 100
antwoordapparaat, het 90
app, de 89
appel, de 53
appendix, de 68
arbeidsvoorwaarden, de (pl) 80
arm, de 64
armleuning, de 73
assistente, de 83
astma, de 72
aubergine, de 52
avond, de 114
azijn, de 55

B

baas, de 83
baby, de 12
babyartikelen, de (pl) 62
babydeken, de 94
babyfoon, de 26
babyslaapzak, de 26
babyslofje, het 94
babywantje, het 94
backup maken, een 85
badkuip, de 27
badpak, het 97
bagagecompartiment, het 44
bagel, de 56
bakblik, het 23
bakken 52
bal, de 26
balie, de 104
balkon, het 18
balpen, de 81
banaan, de 54
band, de 40, 45
band verwisselen, de 43
bandenpech, de 43
bandenpomp, de 42
bandje, het 98
bank, de 20
bankbiljet, het 105
bankpas, de 104
batterij, de 89
beamer, de 82
bedlampje, het 25
bedrag, het 105
beeldscherm, het 84
been, het 64
begane grond, de 18
begroeten, iemand 13
beha, de 97
behandeling, de 70
behangen 32
behangtafel, de 32
beide 111
bekende, de 13
beker, de 57
Bel de brandweer! 102
Bel de politie! 102
Bel een ziekenwagen! 102
belegd broodje, het 56
bellen, iemand 14, 90
bemesten 34
benzine, de 42
benzinepomp, de 42
benzineslang, de 42
benzinetank, de 42
bepleisteren 32
bericht, het 88
bestand, het 87
bestand openen, een 86
bestand printen, een 86
bestand verplaatsen, een 85
bestellen 58
besturingssysteem, het 87
bestuurdersstoel, de 41
bestuurderszijde, de 39
betaalrekening, de 104
bevalling, de 69
bevalling inleiden, de 69
bezem, de 31
bezorgen 58, 92
bezorging aan huis, de 58
bier, het 57
bijlage, de 88
bijrijdersstoel, de 41
bijsluiter, de 77
bijwerking, de 77
bijzetkastje, het 20
biljoen, een 107
binnenplaats, de 16

blaar, de 74
blauwe bes, de 53
blazer, de 96
bleekmiddel, het 28
blender, de 23
blik, het 29
blikopener, de 24
blindedarm, de 68
blindengeleidehond, de 73
blindenstok, de 73
bloed, het 74
bloed afnemen bij iemand 70
bloeddruk meten, de 70
bloeden 74
bloeding, de 74
bloemenvaas, de 19
bloemkool, de 51
bloes, de 96
boekenkast, de 19
boor, de 31
bord, het 59
borgsom, de 17
borst, de 64
borstel, de 29
borstkas, de 64
borstvoeding geven 69
botbreuk, de 74
boter, de 49
bouwblokje, het 26
box, de 26
braam, de 53
brancard, de 100
brandblusser, de 42, 102
brandkraan, de 102
brandweerman, de 102
breekbaar 92
brief, de 91
brief beantwoorden, een 91
brief krijgen, een 91
brievenbus, de 16, 91, 92
bril, de 97
broccoli, de 51
broek, de 95
broer, de 11
broer(s) en zus(sen), de (pl) 13
bronchitis, de 71
brood en banket, het 62
broodje, het 56
broodrooster, het 23
browser, de 88
brug, de 36
bruiloft, de 14
bruine linze, de 52
bruistablet, de/het 76
buffet, het 19
buiging maken, een 13
buik, de 64
buitenspiegel, de 40, 41
bumper, de 39
bushalte, de 44
buskaartje, het 44
busstation, het 44
buurman, de 13
buurvrouw, de 13
bytes, de (pl) 85

C

cadeautje, het 14
caissière, de 104
calorieën, de (pl) 60
capsule, de 76
cd-rom, de 85
cd-station, het 84
centimeter, de 116
centrale verwarming, de 33
chips, de (pl) 58
chocoladereep, de 58
cirkeldiagram, het 82
citroen, de 54
claxon, de 41
clementine, de 54
cola, de 57
collega, de 83
coltrui, de 95
combinatietang, de 30
computer afsluiten, de 87
computer opstarten, de 87
conserven, de (pl) 62
courgette, de 52
creditcard, de 105
crèmespoeling, de 78
croissant, de 56
cursor, de 87
cv, het 80

D

dag, de 115
Dag! 14
dak, het 18, 39
dakgoot, de 18
dakkapel, de 18
dakpan, de 18
dakraam, het 18
damesshort, de 96
dashboard, het 41
dashboardkastje, het 41
datum, de 115
decimaalteken, het 111
deelnemer, de 82
deeltijdbaan, de 80
defibrillator, de 100
dekbed, het 25
deksel, de/het 57
delen 111
delicatessen, de (pl) 62
delict, het 101
deodorant, de 77
derde 108
derde, een 110
dertien 107
dertiende 108
dertig 107
dertigste 109
desinfectiemiddel, het 75
desktopcomputer, de 84
dessertlepel, de 59
deurbel, de 16
deurmat, de 16
deurslot, het 16
deze kant boven 92
Deze past goed, ik neem hem. 97
dia, de 82
diagnose, de 70
diarree, de 71
dieet, het 60
diefstal, de 101
dienblad, het 24
dienstregeling, de 44
diepvriesartikelen, de (pl) 62
diepvriezer, de 22
diesel, de 42
dij, de 64
dikke dam, de 68
dinsdag, de 115
display, de/het 90
dochter, de 10
dode zone, de 89
dokter, de 70
donderdag, de 115
dongel, de 89
dooier, de 49
doordrukstrip, de 76
dosering, de 76
douche, de 27
douchegel, de 78
download, de 88
drempel, de 18
drie 106
drie uur ('s middags) 113
drie uur ('s nachts) 112
drie vierde 110
drieëntwintig 107
driehonderdste 109
driemaal 110
drievoudig 110
droog houden 92
droogrek, het 28
druif, de 53
druppels, de (pl) 76
dubbel 110
duim, de 66, 116
duizeligheid, de 71
duizend 107
duizendste 109
dunne darm, de 68
duwring, de 73
dvd-station, het 84

E

echo, de 69
echoscopie, de 69
echtpaar, het 12
een 106

een achtste 110
een brief sturen, iemand 91
Een enkele reis naar ..., alstublieft. 46
een injectie geven, iemand 71
een uur ('s middags) 113
een uur ('s nachts) 112
een zoen geven, iemand 14
eenentwintig 107
eenentwintigste 108
eenmaal 110
een-na-laatste 109
eenpansgerecht, het 59
eenrichtingsweg, de 38
eergisteren 114
eerste 108
eerste verdieping, de 18
eetstokje, het 59
eettafel, de 21
EHBO-trommel, de 75
eigendom, het 16
eiwit, het 49
elektriciteitsmeter, de 33
elektrische boormachine, de 31
elf 107
elf uur ('s avonds) 113
elfde 108
elkaar een hand geven 13
elkaar omhelzen 13
elleboog, de 65
e-mailadres, het 88
emmer, de 29
enkel, de 65
enkel 110
enkellaarsje, het 96
envelop, de 91
Er is een ongeluk gebeurd! 102

F

familie 12
familielid, het 12
faxapparaat, het 90
feestdag, de 114
fietsband plakken, een 45
fietshelm, de 45
fietsslot, het 45
file, de 37
flatrate, de 89
flauwvallen 74
fles, de 69
fluid ounce, de 116
fopspeen, de 94
forel, de 48
fornuis, het 22
foutmelding, de 87
framboos, de 53
fructose, de 60

G

gang, de 17
garage, de 17
garnaal, de 48
gaspedaal, het/de 41
geadresseerde, de 91
gebarentaal, de 73
geen verzendingskosten 92
gefrituurde noedels, de (pl) 58
gegaard 52
geheugen, het 89
gehoorapparaat, het 73
gehuwd 12
gekookt 52
geld opnemen 105
geld storten 105
geldautomaat, de 105
gelood 42
geneesmiddel, het 76
gepureerd 52
gereedschapskist, de 32
gescheiden 12
geschild 54
gesp, de 98
gevaar, het 102
gevaarlijke daling, de 38
geweld, het 101
gewicht, het 92
gezichtscrème, de 78
gezond 72
gezonde voeding, de 60
gieten 34
gisteren 114
gloeilamp, de 33
glucose, de 60
glutenvrij 60
Goedemorgen! 14
Goedenavond! 14
Goedendag! 14
gootsteen, de 22
gordijn, het 20
gram, het 116
grapefruit, de 54
grasmaaier, de 34
griep, de 72
grille, de 39
groepenkast, de 33
groot 58
grootmoeder, de 11
grootouders, de (pl) 12
grootvader, de 11
grote teen, de 66
gymschoen, de 98

H

haar, het 67
haarborstel, de 78
hak, de 98
half, een 110
half elf 113
half uur, het 112
Hallo! 14
hals, de 64
hamburger, de 58
hamer, de 30
hand, de 65
handdoek, de 27
handmixer, de 23
handrem, de 41
handvat, het 73
handzaag, de 30
hangend keukenkastje, het 22
hark, de 34
hart, het 68
headset, de 90
Heeft u ook een maat groter/ kleiner? 97
Help! 102
herfst, de 114
hernia, de 74
hersenschudding, de 74
herstart, de 85
herstellen 87
het behang verwijderen 32
het gras maaien 34
Het is twee uur. 112
heup, de 64
hiel, de 65
Hij wil niet starten. 43
Hoe heet je? 14
Hoe heet u? 14
Hoe laat is het? 112
Hoe laat? 112
hoest, de 72
hoestdrankje, het 76
hoestpastille, de 77
hoge bloeddruk, de 72
hoge laars, de 98
honderd 107
honderdduizend 107
honderdste 109
honingmeloen, de 54
hoofd, het 64
hoofdkussen, het 25
hoofdpijn, de 71
hoofdsteun, de 41
hooikoorts, de 72
hoorn, de 90
houdbaarheidsdatum, de 77
houten vloer, de 21
huiduitslag, de 71
huidverzorging, de 77
huilen 14
huismeester, de 17
huisnummer, het 16
huissleutel, de 16
huren 17
huur, de 17
huurcontract, het 17
huurder, de 17
huurster, de 17
huurwoning, de 16
hypotheek, de 104

I

ieder 111
ijsbergsla, de 51
ijzel of sneeuw, de 38
Ik heb motorpech. 43
Ik heet ... 14
Ik verbind u door. 90
Ik wil graag een rekening openen. 105
Ik wil graag iets bestellen om mee te nemen. 58
Ik wil graag spreken met ... 90
in het rood staan 104
in verwachting 69
inbouwkeuken, de 22
inbraak, de 101
inbussleutel, de 31
infectie, de 71
inhaalstrook, de 37
injectie krijgen, een 71
injectiespuit, de 76
inkjetprinter, de 85
inktpatroon, de 85
inlegkruisje, het 77
inloggen 85
insectenbeet, de 74
instappen 46
instellingen, de (pl) 87
intercom, de 16
internetbankieren, het 104
invoeren 85
Is deze plaats vrij? 46
is gelijk aan 111

J

jaar, het 115
jasje, het 95
jongen, de 13
jongere, de 12
jurk, de 96

K

kaars, de 21
kaartjesautomaat, de 44
kaas, de 49
kalmeermiddel, het 77
kam, de 78
kamerplant, de 21
Kan ik dit wisselen? 105
kassa, de 61
kassaband, de 61
kassabon, de 62
kassier, de 61
katoenen luier, de 94
keelpijn, de 71
kelder, de 17
kers, de 53
ketchup, de 55
ketting, de 45
keukenkruk, de 22
keukenmachine, de 23
keukenmes, het 24
keukenrol, de 23
keukenweegschaal, de 23
kiezen 90
kilogram, het 116
kilometer, de 116
kin, de 67
kind, het 12
kinderstoel, de 19
kinderwagen, de 26
kip, de 48
kippenei, het 49
klant, de 61
kledinghaakje, het 19
kleerhanger, de 19
klein 58
kleindochter, de 10
kleine teen, de 66
kleinzoon, de 10
klikken 86
klink, de 40
klittenband, het 97
knaldemper, de 42
knie, de 64
knieholte, de 65
knippen 86
knipperlicht, het 39
knipperlichtschakelaar, de 41
knoflook, de 50
knoop, de 97
koekenpan, de 24
koeling, de 62
koelkast, de 22
koffer, de 97
kofferbak, de 40
koffie, de 57
koffie om mee te nemen, de 57
koffiemachine, de 23
kookpan, de 24
koopwaar, de 61
koopwoning, de 16
koorts, de 72
koortsthermometer, de 77
kopiëren 86
koplamp, de 40
koppelingspedaal, het/de 41
korte broek, de 95
kraag, de 95
kraan, de 27
krab, de 48
kroonluchter, de 21
kropsla, de 51
kruidenthee, de 57
kruippakje, het 94
kruising, de 37
kruiwagen, de 34
kruk, de 73
kuit, de 65
Kunt u de Wegenwacht bellen? 43
Kunt u me helpen bij het verwisselen van de band? 43
Kunt u me helpen de auto te starten? 43
Kunt u mij terugbellen? 90
kussensloop, het/de 25
kwalificatie, de 80
kwark, de 49
kwart, een 110
kwart over negen 113
kwart voor twaalf 113
kweken 34

L

la, de 22
laatste 109
lachen 14
lactosevrij 60
ladekast, de 25
lage bloeddruk, de 72
lagevloerbus, de 44
laken, het 25
lamp, de 20
lamsvlees, het 48
laptop, de 84
laserprinter, de 85
lastigvallen 101
legging, de 97
leiding, de 33
lening, de 104
lente, de 114
lente-ui, de 50
lettertype, het 87
leukoplast®, de 75
leunstoel, de 20
lever, de 68
lichamelijk letsel, het 101
lichtingstijden, de 92
lies, de 64
lift, de 17
lijnbus, de 44
limoen, de 54
links afslaan verboden 38
lip, de 67
liter, de 116
litermeter, de 42
long, de 68
loodvrij 42
luchtpijp, de 68
luidspreker, de 84
luiertas, de 26
lus, de 44

M

maag, de 68
maagpijn, de 71
maand, de 115
maandag, de 115
maandkaart, de 44
maatbeker, de 76
Mag ik deze passen? 97
magnetron, de 23
mail doorsturen, een 88

maillot, de 97
mais, de 52
man, de 10, 12
manager, de 83
map, de 86
markeerstift, de 81
matras, de/het 25
maximumsnelheid, de 38
mayonaise, de 55
meergezinswoning, de 16
meermaals 110
meisje, het 13
melk, de 49
melkpoeder, het 69
meneer 12
mes, het 59
mest, de 34
met pensioen gaan 83
meter, de 116
metro, de 46
mevrouw 12
microfoon, de 90
middag, de 114
middaguur, het 114
middel, het 65
middelgroot 58
middelvinger, de 66
middenberm, de 37
middernacht 113, 114
mijl, de 116
miljard, een 107
miljoen, een 107
miljoenste 109
milliliter, de 116
millimeter, de 116
milt, de 68
minibus, de 44
minuut, de 112
misselijkheid, de 71
mistlicht, het 39
mobiele telefoon, de 89
moeder, de 11
moederkoek, de 69
moer, de 30
moersleutel, de 30
mond, de 67
mond-op-mondbeademing, de 100
moord, de 101
morgen, de 114
mossel, de 48
mosterd, de 55
motor, de 42
motorkap, de 40
mouwloos hemdje, het 96
muis, de 84
muismat, de 85
munt, de 105
mutsje, het 94

N

nachtkastje, het 25
nagelschaartje, het 78
nagelvijl, de 77
natrium, het 60
navelstreng, de 69
nectarine, de 53
neef, de 11
negen 106
negende 108
negentien 107
negentiende 108
negentig 107
negentigste 109
nek, de 65
neus, de 67
neusverkoudheid, de 72
nicht, de 11
Niet vouwen 92
nietmachine, de 81
niezen, het 72
nooduitgang, de 102
nooit 110
notitieboekje, het 81
notuleren 82
nugget, de 58
nul 106
nummerbord, het 39

O

okra, de 52
olijfolie, de 55
Om zeven uur. 112
onderbroek, de 95
onderdoorgang, de 37
ongedaan maken 87
ongehuwd 12
onkruid wieden 34
onkruidverdelger, de 34
ontbijtgranen, de 62
ontslaan, iemand 83
ontslagen worden 83
ontvangen 88
oog, het 67
oogsten 34
oom , de 11
oor, het 67
oordopje, het 77
op internet surfen 88
op tijd 46
open haard, de 20
oplosmiddel, het 32
oprit, de 37
opslaan 86
optellen 111
ordner, de 81
ouders, de (pl) 12
oven, de 22
ovenwant, de 24
Over tien minuten. 113
overgaan 90
overhemd, het 95
overmorgen 114
overschrijvingsformulier, het 105
overstappen 46
overval, de 101

P

paar, een 111
pak, het 95
pakje, het 92
pakket, het 92
paperclip, de 81
paprika, de 52
parfum, het 78
partje, het 54
passagierszijde, de 39
pastinaak, de 50
patat, de 58
patiënte, de 70
peer, de 53
peetoom, de 13
peettante, de 13
pennenbakje, het 81
peper, de 55
pepermolen, de 55
per luchtpost 92
perceel, het 16
perforator, de 81
perron, het 46
persen 69
personeelsadvertentie, de 80
personeelsfunctionaris, de 80
perzik, de 53
pijnstiller, de 77
pin, de 104
pinapparaat, het 104
pincet, het/de 78
pink, de 66
pint, de 116
pizza, de 58
plafond, het 20
plakband, het 81
plakken 86
plamuren 32
plamuur, het/de 32
plamuurmes, het 32
platte kwast, de 32
pleister, de 75
ploegendienst, de 80
poef, de 25
politieagent, de 101
politieagente, de 101
politieauto, de 101
pollepel, de 24
poloshirt, het 95
pols, de 65
polsmeten, het 100
pomp, de 45
pop, de 26
portier, het 40
porto, de 92
portvrij 91

postbus, de 91
postcode, de 91
postvak in, het 88
postvak uit, het 88
postwissel, de 92
postzegel, de 91
potje, het 26
potlood, het 81
prei, de 50
prepaidkaart, de 89
presentatie, de 82
prijsdisplay, het/de 42
procent, het 111
programma, het 87
programma de-installeren, een 87
programma installeren, een 87
promotie, de 83
provisie, de 105
pruim, de 53
prullenmand, de 86
punaise, de 81
puntenslijper, de 81
puree, de 52

R

raam, het 18
raap, de 50
radiateur, de 42
radiator, de 33
radijsje, het 50
rammelaar, de 26
rasp, de 24
rauw 52
recept, het 70
rechts afslaan verboden 38
reddingsband, de 102
reiswieg, de 26
rekening, de 105
rekeningnummer, het 104
remgreep, de 45
remlicht, het 40
remmen 45
rempedaal, het/de 41
rentetarief, het 104
reserveband, de 43
reservewiel, het 43
riem, de 98
riemlus, de 98
rijbaan, de 36
rijstkoker, de 23
ringtone, de 89
ringvinger, de 66
ritprijs, de 44
ritssluiting, de 97
rode biet, de 50
rode ui, de 50
rode wijn, de 57
rodekool, de 51
rok, de 96
rol behang, de 32
rolgordijn, het 21
rollator, de 73
rolmaat, de 30
rolstoel, de 73
roltrap, de 46
rompertje, het 94
Rond het middaguur. 113
roofoverval, de 101
rookmelder, de 17, 102
room, de 49
rotonde, de 36
router, de 89
rozenschaar, de 34
rubberhandschoen, de 29
rubberlaars, de 98
rug, de 65
rugzak, de 97
ruitenwisser, de 39
rundvlees, het 48

S

salade, de 59
salaris, het 83
salontafel, de 20
sandaal, de 98
sandwich, de 56
savooiekool, de 51
scanner, de 61, 85
schaamstreek, de 64
schaar, de 81
schakelaar, de 33
schap, het/de 61
scheen, de 64
schil, de 54
schildklier, de 68
schillen 52
schiller, de 24
schoenlepel, de 19
schoenveter, de 98
schoolbus, de 44
schoolransel, de 26
schoonmaakmiddel, het 29
schoonmoeder, de 10
schoonvader, de 10
schoonzoon, de 10
schoonzus, de 10
schoorsteen, de 18
schop, de 34
schort, het 23
schouder, de 64
schouderblad, het 65
schoudervulling, de 96
schroef, de 30
schroevendraaier, de 30
schuifbalk, de 87
schuld, de 101
schuurpapier, het 30
scrollen 86
scrollwieltje, het 84
seconde, de 112
selecteren 85
servet, het 59
shampoo, de 78
simkaart, de 89
sinaasappel, de 54
sinaasappelsap, het 57
Sinds gisteren. 113
Sinds wanneer? 113
sjalot, de 50
slaapbank, de 19
slaappil, de 77
slabbetje, het 94
slachtoffer, het 100
sleehak, de 98
sleutelrekje, het 19
slip, de 97
smaakversterker, de 60
smartphone, de 89
sms, de 89
snee, de 56
snelheidsovertreding, de 37
snelweg, de 37
snijden 52
snijplank, de 24
snijwond, de 74
snoer, het 90
sociale media, de (pl) 88
soep, de 59
soeplepel, de 59
software, de 89
sojasaus, de 55
sok, de 97
sokje, het 94
sollicitante, de 80
sollicitatiegesprek, het 80
sollicitatiestukken, de (pl) 80
solliciteren naar een betrekking 80
sommige 111
soms 110
Sorry, verkeerd verbonden. 90
spaak, de 45
Spaanse peper, de 52
spaarlamp, de 33
spaarrekening, de 104
spam, de 88
speciale aanbieding, de 61
sperzieboon, de 52
spiegel, de 20, 27
spijker, de 30
spijkerbroek, de 96
spinazie, de 51
spoedbrief, de 91
spons, de 29
spoornummer, het 46
spreekuur, het 70
sproeifles, de 29
spruitje, het 51
stabiele zijligging, de 100
startkabel, de 43
stekken 34

stekker, de 33
stekkerdoos, de 33
stel, het 12
stethoscoop, de 70
steunverband, het 75
stiefbroer, de 13
stiefmoeder, de 13
stiefvader, de 13
stiefzuster, de 13
stoel, de 21
stoelreservering, de 46
stoffer, de 29
stokbrood, het 56
stopcontact, het 33
stopknop, de 44
stoppen 37
straatlantaarn, de 36
streepjescode, de 61
strijken 28
strijkijzer, het 28
strijkplank, de 28
stropdas, de 95
stuur, het 41, 45
suiker, de 60
suikermeloen, de 54
suikervrij 60
suikerziekte, de 72
sushi, de 58
symptoom, het 77

T

taakbalk, de 87
tablet, de/het 76, 89
tachtig 107
tachtigste 109
taco, de 58
tafeldecoratie, de 21
tafelkleed, het 59
tafelloper, de 21
tampon, de 77
tand, de 67
tandpasta, de 78
tanken 42
tante, de 11
tapijt, het 25
tapijtmes, het 30
tarwemeel, het 56
te koop 16
teamleider, de 82
teenslipper, de 98
tegelen 32
tegenliggers, de (pl) 38
tegoed, het 89
televisiemeubel, het 19
terras, het 18
terugsnoeien 34
theeblaadjes, de (pl) 57
theezakje, het 57
tien 106
Tien minuten geleden. 113
tiende 108
tienduizend 107
tienduizendste 109
tienmiljoenste 109
toetsenbord, het 84, 104
toetsenpaneel, het 90
toilettas, de 78
tomaat, de 52
tonerpatroon, de 85
tonijn, de 48
topje, het 96
tortilla, de 56
Tot ziens! 14
touringcar, de 44
tram, de 46
trappenhuis, het 17
trapper, de 45
trein, de 46
trekkingsandaal, de 98
trottoir, het 36
T-shirt, het 95
tuinslang, de 34
tunnel, de 36
Turks brood, het 56
twaalf 107
twaalf uur ('s middags) 112
twaalfde 108
twee 106
twee uur ('s middags) 113
twee uur ('s nachts) 112
twee vijfde 110
twee zeventiende 110
tweede 108
tweeëntwintig 107
tweeëntwintigste 108
tweehonderdste 109
tweehonderdtweeën-twintig 107
tweehonderdvijfentwin-tigste 109
tweeling, de 12
tweemaal 110
tweepersoonsbed, het 25
twintig 107
twintigduizend 107
twintigste 108
typen 85

U

U kunt een boodschap inspreken na de pieptoon. 90
ui, de 50
uitlaat, de 42
uitloggen 85
uitslag, de 70
uitstappen 46
usb-poort, de 84
usb-stick, de 85
uur, het 112

V

vaatwasser, de 22
vader, de 11
valuta, de 105
Van harte welkom! 14
vandaag 114
varkensvlees, het 48
vaste vloerbedekking, de 20
vasten 60
veel 111
veelvoudig 110
veertien 107
veertiende 108
veertig 107
veertigste 109
veganistisch 60
vegetarisch 60
veiligheidsgordel, de 41
vensterbank, de 21
ventilator, de 20, 42
verband, het 75
verbandgaas, het 75
verbandmateriaal, het 75
verbandschaar, de 75
verboden in te rijden 38
verboden stil te staan 38
verboden te keren 38
verbouwing, de 16
verbranding, de 74
verdienen 83
verdunningsmiddel, het 32
verf, de 32
verfbak, de 32
vergadering, de 82
vergadertafel, de 82
verhuren 17
verhuurder, de 17
verhuurster, de 17
verjaardag, de 14
verkeerslicht, het 36
verkeersongeval, het 43
verkoudheid, de 72
verkrachting, de 101
verlengsnoer, het 33
vermenigvuldigen 111
vermiste persoon, de 102
versleuteling, de 88
versnellingsbak, de 42
versnellingshendel, de 45
versnellingspook, de 41
vertraging, de 46
vervanging, de 83
verwarming aanzetten/uitzetten, de 33
verwijzing, de 70
verzamelplaats, de 102
verzenden 88
verzorgingsplaats, de 37
vest, het 96
vet, het 60
veterschoen, de 98
viaduct, het 37
vier 106

vier uur ('s middags) 113
vier uur ('s morgens) 112
vierde 108
vierkante meter, de 116
viermaal 110
viervoudig 110
vijf 106
vijf en drie achtste 110
vijf over twaalf 113
vijf uur ('s middags) 113
vijf uur ('s morgens) 112
vijfde, een 110
vijfde 108
vijfenvijftigduizend 107
vijftien 107
vijftiende 108
vijftig 107
vijftigduizend 107
vijftigste 109
vijfvoudig 110
vingernagel, de 66
virus, het 71
visafdeling, de 62
vissteak, de 48
vitrine, de 19, 21
vlakgom, de/het 81
vlees en gevogelte, het 62
vlekkenverwijderaar, de 28
vloerverwarming, de 33
vluchten 101
vluchtstrook, de 37
vochtig doekje, het 77
voedingskabel, de 84
voedselallergie, de 60
voegmiddel, het 32
voet, de 64
voetgangerslicht, het 36
voetsteun, de 41, 73
volkorenbrood, het 56
voltijdbaan, de 80
voordeur, de 18
voorhoofd, het 67
voorrang, de 37
voorrang verlenen! 38
voorruit, de 39
voorstellen, iemand 13
voortgangsbalk, de 87
voorwiel, het 45
vork, de 59
vriend, de 12
vrienden, de (pl) 13
vriendin, de 12
vrijdag, de 115
vrijstaand huis, het 16
vroedvrouw, de 69
vrouw, de 10, 12
vruchtblaas, de 69
vruchtwater, het 69
vuilniszak, de 31

W

wachthuisje, het 44
wachtkamer, de 70
wandelschoen, de 98
wandklok, de 19
wang, de 67
Wanneer? 113
was centrifugeren, de 28
was doen, de 28
was te drogen hangen, de 28
wasdroger, de 28
wasknijper, de 28
waslijn, de 28
wasmachine, de 28
wasmachine vullen, de 28
wasmand, de 28
waspoeder, het 28
wastafel, de 27
wasverzachter, de 28
Wat is de huidige wisselkoers? 105
Wat is het voor datum vandaag? 114
water, het 57
waterglas, het 59
waterkoker, de 23
watermeloen, de 54
waterpas, de 30
wc, de 27
wc-blokje, het 27
wc-borstel, de 27
wc-papier, het 27
wc-reiniger, de 29
webcam, de 84
weduwe, de 12
weduwnaar, de 12
weeën, de (pl) 69
weegschaal, de 92
week, de 115
weekdag, de 115
weekend, het 115
weekendtas, de 97
wegwerpluier, de 94
weinig 111
wenkbrauw, de 67
werk in uitvoering, het 38
werkervaring, de 80
werkgever, de 83
werknemer, de 83
whiplash, de 74
wiel, het 39
wieldop, de 40
wielmoersleutel, de 43
wifi, de 88
wijnglas, het 59
wijsvinger, de 66
wimper, de 67
winkelmandje, het 61
winkelwagentje, het 61
winter, de 114
winterpakje, het 94
wisselkantoor, het 105
wissen 86
wisser, de 29
witbrood, het 56
witlof, de 51
witte wijn, de 57
wittekool, de 51
woensdag, de 115
wok, de 24
wond, de 74
wortel, de 50

Y

yoghurt, de 49

Z

zaailing, de 34
zadel, het 45
zakkenrollen, het 101
zakmes, het 31
zakrekenmachine, de 111
zalf, de 76
zalm, de 48
zandloper, de 87
zaterdag, de 115
zebrapad, het 36
zeef, de 24
zeekreeft, de 48
zeep, de 78
zekering, de 33
zelfbedieningskassa, de 61
zelfklevende memo, het 81
zes 106
zes uur ('s morgens) 112
zesde 108
zestien 107
zestiende 108
zestig 107
zestigste 109
zesvoudig 110
zeven 106
zeven en een half 110
zeven uur ('s morgens) 112
zevende 108
zeventien 107
zeventiende 108
zeventig 107
zeventigste 109
ziek 72
zijn baan opzeggen 83
zijn voet verstuiken/ breken 74
zijraam, het 40
zitvlak, het 65
z'n arm uit de kom hebben 74
zoeken 86
zoekteam, het 102
zoet 58
zoete aardappel, de 50
zolder, de 17
zomer, de 114
zondag, de 115
zonder eieren 60

zonnebrand, de 74
zonnebrandcrème, de 77
zonnebril, de 97
zonnehoedje, het 94
zonneverwarming, de 33
zool, de 98
zoon, de 10
zorgverzekering, de 70
zout, het 55
zout 58
zuivelproducten, de (pl) 62
zus, de 11
zwaaien 14
zwabber, de 29
zwager, de 10
zwangerschapstest, de 69
zwembroek, de 95
zwemvest, het 102

INDEX UND AUSSPRACHE DEUTSCH

INDEX EN UITSPRAAK DUITS

9. September 2017, der ['nɔyntə zɛp'tɛmbɐ tsvaitausn̩t'zi:ptse:n] 114

A

Abdeckband, das ['apdɛkbant] 32
Abdeckfolie, die ['apdɛkfo:li̯ə] 32
Abend, der ['a:bn̩t] 114
Absatz, der ['apzats] 98
Absender, der ['apzɛndɐ] 91
Abwesenheitsnotiz, die ['apve:zən-haɪtsnoti:ts] 88
acht [axt] 106
acht Uhr ['axt 'u:ɐ̯] 112
achte(r, s) ['axtə] 108
Achtel, ein ['axtl̩] 110
achtzehn ['axtse:n] 107
achtzig ['axtsɪç] 107
achtzigste(r, s) ['axtsɪçstə] 109
Adapter, der [a'daptɐ] 33
addieren [a'di:rən] 111
Adresse, die [a'drɛsə] 91
Airbag, der ['ɛ:ɐ̯bɛk] 41
Akku, der ['aku] 31, 89
Akkubohrer, der ['akubo:rɐ] 31
alle ['alə] 111
Allergie, die [alɛr'gi:] 71
Ampel, die ['ampl̩] 36
Anbau, der ['anbau] 16
anhalten ['anhaltn̩] 37
Anhang, der ['anhaŋ] 88
Anrichte, die ['anrɪçtə] 19
Anrufbeantworter, der ['anru:fbəʔantvɔrtɐ] 90
anrufen, jemanden [je:mandn̩ 'anru:fn̩] 14, 90
Anzug, der ['antsu:k] 95
Apfel, der ['apfl̩] 53
App, die [æp] 89
Aprikose, die [apri'ko:zə] 53
Arbeitgeber, der ['arbaitge:bɐ] 83
Arbeitnehmer, der ['arbaitne:mɐ] 83
Arbeitsbedingungen, die ['arbaitsbədɪŋʊŋən] 80
Arbeitsplatte, die ['arbaitsplatə] 22
Arm, der [arm] 64
Arm ausrenken, sich den [de:n 'arm ausrɛŋkn̩] 74
Armaturenbrett, das [arma'tu:rənbrɛt] 41
Armlehne, die ['armle:nə] 73
Ärztin, die ['ɛ:ɐ̯tstɪn] 70
Assistentin, die [asɪs'tɛntɪn] 83
Asthma, das ['astma] 72
Aubergine, die [obɛr'ʒi:nə] 52
Auf Wiedersehen! [auf 'vi:dɐze:ən] 14
Aufzug, der ['auftsu:k] 17
Auge, das ['augə] 67
Augenbraue, die ['augn̩brauə] 67
Ausfahrt, die ['ausfa:ɐ̯t] 37
ausloggen, sich ['auslɔgn̩] 85
Auspuffrohr, das ['auspʊfro:ɐ̯] 42
Auspufftopf, der ['auspʊftɔpf] 42
ausschneiden ['ausʃnaɪdən] 86
aussteigen ['ausʃtaign̩] 46
Autobahn, die ['autoba:n] 37
Autotür, die ['autoty:ɐ̯] 40

B

Baby, das ['be:bi] 12
Babyartikel, die ['be:biʔartɪkl̩] 62
Babydecke, die ['be:bidɛkə] 94
Babyfäustling, der ['be:bifɔystlɪŋ] 94
Babyfon®, das ['be:bifo:n] 26
Babyschlafsack, der ['be:biʃla:fzak] 26
Babyschühchen, das ['be:biʃy:çən] 94
Babytragetasche, die ['be:bitra:gətaʃə] 26
Backblech, das ['bakblɛç] 23
Backofen, der ['bakʔo:fn̩] 22
Backwaren, die ['bakva:rən] 62
Badeanzug, der ['ba:dəʔantsu:k] 97
Badehose, die ['ba:dəho:zə] 95
Badewanne, die ['ba:dəvanə] 27
Bagel, der ['beɪgl̩] 56
Baguette, das/die [ba'gɛt] 56
Bahnsteig, der ['ba:nʃtaik] 46
Balkon, der [bal'kɔŋ] 18
Ball, der [bal] 26
Banane, die [ba'na:nə] 54
Bandage, die [ban'da:ʒə] 75
Bandscheibenvorfall, der ['bantʃaibn̩fɔɐ̯fal] 74
Batterie, die [batə'ri:] 42
Bauch, der [baux] 64
Bauklötzchen, das ['bauklœtsçən] 26
Baustelle, die ['bauʃtɛlə] 38
Beamer, der ['bi:mɐ] 82
Becher, der ['bɛçɐ] 57
Beförderung, die [bə'fœrdərʊŋ] 83
begrüßen, jemanden [je:mandn̩ bə'gry:sn̩] 13
Behandlung, die [bə'handlʊŋ] 70
beide ['baidə] 111
Beifahrerseite, die ['baifa:rɐzaitə] 39
Beifahrersitz, der ['baifa:rɐzɪts] 41
Bein, das [bain] 64
Beipackzettel, der ['baipaktsɛtl̩] 77
Beistellschrank, der ['baiʃtɛlʃraŋk] 20
Bekannte, der/die [bə'kantə] 13

belästigen [bəˈlɛstɪgn̩] 101
belegte Brötchen, das [bəˈlegtə ˈbrøːtçən] 56
Benutzerkonto, das [bəˈnʊtsəkɔnto] 88
Benzin, das [bɛnˈtsiːn] 42
Benzintank, der [bɛnˈtsiːntaŋk] 42
Berufserfahrung, die [bəˈruːfsʔɛɐ̯faːrʊŋ] 80
Beruhigungsmittel, das [bəˈruːɪgʊŋsmɪtl̩] 77
Besen, der [ˈbeːzn̩] 31
Besprechungstisch, der [bəˈʃprɛçʊŋstɪʃ] 82
bestellen [bəˈʃtɛlən] 58
Betrag, der [bəˈtraːk] 105
Betriebssystem, das [bəˈtriːpszʏsˈteːm] 87
Bettdecke, die [ˈbɛtdɛkə] 25
Bewerberin, die [bəˈvɛrbərɪn] 80
Bewerbungsgespräch, das [bəˈvɛrbʊŋsgəʃprɛːç] 80
Bewerbungsunterlagen, die [bəˈvɛrbʊŋsʔʊntɐlaːgn] 80
BH, der [beːˈhaː] 97
Bier, das [biːɐ̯] 57
Bildschirm, der [ˈbɪltʃɪrm] 84
Billion, eine [bɪˈli̯oːn] 107
Birne, die [ˈbɪrnə] 53
Bitte hinterlassen Sie eine Nachricht nach dem Signalton. [ˈbɪtə hɪntɐlasn̩ ziː ainə ˈnaːxrɪçt naːx deːm zɪˈgnaːltoːn] 90
Blase, die [ˈblaːzə] 74
Blazer, der [ˈbleːzɐ] 96
Bleichmittel, das [ˈblaiçmɪtl̩] 28
bleifrei [ˈblaifrai] 42
Bleistift, der [ˈblaiʃtɪft] 81
Bleistiftspitzer, der [ˈblaiʃtɪftʃpɪtsɐ] 81
Blinddarm, der [ˈblɪntdarm] 68
Blindenhund, der [ˈblɪndn̩hʊnt] 73
Blindenstock, der [ˈblɪndn̩ʃtɔk] 73
Blinkerhebel, der [ˈblɪŋkɐheːbl̩] 41
Blinklicht, das [ˈblɪŋklɪçt] 39
Blumenkohl, der [ˈbluːmənkoːl] 51
Blumenvase, die [ˈbluːmənvaːzə] 19
Bluse, die [ˈbluːzə] 96
Blut, das [bluːt] 74
Blut abnehmen, jemandem [jeːmandəm ˈbluːt apneːmən] 70
Blutdruck messen, den [deːn ˈbluːtdrʊk mɛsn̩] 70
bluten [ˈbluːtn̩] 74
Blutung, die [ˈbluːtʊŋ] 74
Body, der [ˈbɔdi] 94
Bohrer, der [ˈboːrɐ] 31
braten [ˈbraːtn̩] 52
Bratpfanne, die [ˈbraːtpfanə] 24
Brausetablette, die [ˈbrauzətablɛtə] 76
bremsen [ˈbrɛmzn̩] 45
Bremshebel, der [ˈbrɛmsheːbl̩] 45
Bremsleuchte, die [ˈbrɛmslɔyçtə] 40
Bremspedal, das [ˈbrɛmspedaːl] 41
Brief, der [briːf] 91
Brief beantworten, einen [ˈbriːf bəˈantvɔrtn̩] 91
Brief erhalten, einen [ˈbriːf ˈɛɐ̯haltn̩] 91
Brief schicken, jemandem einen [jeːmandəm aɪnən ˈbriːf ˈʃɪkn̩] 91
Briefkasten, der [ˈbriːfkastn̩] 16, 91
Briefmarke, die [ˈbriːfmarkə] 91
Briefumschlag, der [ˈbriːfʔʊmʃlaːk] 91
Brille, die [ˈbrɪlə] 97
Brokkoli, der [ˈbrɔkoli] 51
Brombeere, die [ˈbrɔmbeːrə] 53
Bronchitis, die [brɔnˈçiːtɪs] 71
Brötchen, das [ˈbrøːtçən] 56
Browser, der [ˈbrauzɐ] 88
Brücke, die [ˈbrʏkə] 36
Bruder, der [ˈbruːdɐ] 11
Brust, die [brʊst] 64
Brustkorb, der [ˈbrʊstkɔrp] 64
Bücherregal, das [ˈbyːçɐregaːl] 19
Bügelbrett, das [ˈbyːgl̩brɛt] 28
Bügeleisen, das [ˈbyːgl̩ʔaizn̩] 28
bügeln [ˈbyːgl̩n] 28
Bürgersteig, der [ˈbʏrgɐʃtaik] 36
Büroklammer, die [byˈroːklamɐ] 81
Bürste, die [ˈbʏrstə] 29
Busbahnhof, der [ˈbʊsbaːnhoːf] 44
Bushaltestelle, die [ˈbʊshaltəʃtɛlə] 44
Butter, die [ˈbʊtɐ] 49
Bytes, (die) [baɪts] 85

C

CD-Laufwerk, das [tseːˈdeːlaufvɛrk] 84
CD-ROM, die [tseːdeːˈrɔm] 85
Chef, der [ʃɛf] 83
Chicorée, der/die [ˈʃikore] 51
Chilischote, die [ˈtʃiːliʃoːtə] 52
Chipkartenterminal, das [ˈtʃipkartn̩tøɐ̯minl̩] 104
Chips, die [tʃips] 58
Clementine, die [klemɛnˈtiːnə] 54
Cola, die [ˈkoːla] 57
Couchtisch, der [ˈkautʃtɪʃ] 20
Cousine, die [kuˈziːnə] 11
Croissant, das [kro̯aˈsãː] 56

D

Dach, das [dax] 18, 39
Dachboden, der [ˈdaxboːdn̩] 17
Dachfenster, das [ˈdaxfɛnstɐ] 18
Dachgaube, die [ˈdaxgaubə] 18
Dachrinne, die [ˈdaxrɪnə] 18
Dachziegel, der [ˈdaxtsiːgl̩] 18
Darlehen, das [ˈdaːɐ̯leːən] 104
Das passt gut, ich nehme es. [das past ˈguːt, ɪç ˈneːmə ɛs] 97
Datei, die [daˈtaɪ] 87
Datei ausdrucken, eine [daˈtaɪ ausdrʊkən] 86
Datei öffnen, eine [daˈtaɪ œfnən] 86
Datei verschieben, eine [daˈtaɪ fɛɐ̯ˈʃiːbən] 85
Datenspeicher, der [ˈdaːtn̩ʃpaiçɐ] 89
Datum, das [ˈdaːtʊm] 115
Daumen, der [ˈdaumən] 66
Decke, die [ˈdɛkə] 20
Deckel, der [ˈdɛkl̩] 57
Defibrillator, der [defibrɪˈlaːtoːɐ̯] 100
Deodorant, das [deodoˈrant] 77
Der Motor springt nicht an. [deːɐ̯ ˈmoːtoːɐ̯ ʃprɪŋt nɪçt an] 43
Desinfektionsmittel, das [dɛsʔɪnfɛkˈtsi̯oːnsmɪtl̩] 75
Desktop-Computer, der [ˈdɛsktɔp kɔmpjuːtɐ] 84
Dessertlöffel, der [dɛˈseːɐ̯lœfl̩] 59
Dezimalpunkt, der [detsiˈmaːlpʊŋkt] 111
Diabetes, der [diaˈbeːtɛs] 72
Diagnose, die [diaˈgnoːzə] 70

Diät, die [di'ɛ:t] 60
Dickdarm, der ['dɪkdarm] 68
Diebstahl, der ['di:pʃta:l] 101
Dienstag, der ['di:nsta:k] 115
Diesel, der ['di:zl̩] 42
Display, das [dɪs'pleɪ] 90
dividieren [divi'di:rən] 111
Donnerstag, der ['dɔnɐsta:k] 115
Doppelbett, das ['dɔpl̩bɛt] 25
doppelt ['dɔplt] 110
Dosenöffner, der ['do:zn̩œfnɐ] 24
Dosierung, die [do'zi:rʊŋ] 76
Download, der ['daʊnloʊd] 88
drei [drai] 106
drei Uhr ['drai 'u:ɐ̯] 112
drei Viertel [drai 'fɪrtl̩] 110
dreifach ['draifax] 110
dreihundertste(r, s) ['draihʊndɐtstə] 109
dreimal ['draima:l] 110
dreißig ['draisɪç] 107
dreißigste(r, s) ['draisɪçstə] 109
dreiundzwanzig ['drai?ʊnttsvantsɪç] 107
dreiundzwanzig Uhr ['drai?ʊnttsvantsɪç 'u:ɐ̯] 113
dreizehn ['draitse:n] 107
dreizehn Uhr ['draitse:n 'u:ɐ̯] 113
dreizehnte(r, s) ['draitse:ntə] 108
dritte(r, s) ['drɪtə] 108
Drittel, ein ['drɪtl̩] 110
düngen ['dʏŋən] 34
Dünger, der ['dʏŋɐ] 34
Dünndarm, der ['dʏndarm] 68
Dunstabzugshaube, die ['dʊnst?aptsu:kshaubə] 22
Durchfall, der ['dʊrçfal] 71
Dusche, die ['du:ʃə] 27
Duschgel, das ['du:ʃge:l] 78
DVD-Laufwerk, das [de:fau'de:laufvɛrk] 84

E

EC-Karte, die [e:'tse:kartə] 104
Ehefrau, die ['e:əfrau] 10
Ehemann, der ['e:əman] 10
Ehepaar, das ['e:əpa:ɐ̯] 12
Eigelb, das ['aigɛlp] 49
Eigentum, das ['aign̩tu:m] 16
Eigentumswohnung, die ['aign̩tu:msvo:nʊŋ] 16
Eilbrief, der ['ailbri:f] 91
Eimer, der ['aimɐ] 29
ein Uhr ['ain 'u:ɐ̯] 112
Ein/Aus-Schalter, der ['aɪn/'aʊsʃaltɐ] 84
Einbahnstraße, die ['ainba:nʃtra:sə] 38
Einbauküche, die ['ainbaukʏçə] 22
Einbiegen nach links verboten ['ainbi:gn̩ na:x lɪŋks fɛɐ̯'bo:tn̩] 38
Einbiegen nach rechts verboten ['ainbi:gn̩ na:x rɛçts fɛɐ̯'bo:tn̩] 38
Einbruch, der ['ainbrʊx] 101
Eine einfache Fahrt nach ..., bitte. [ainə 'ainfaxə fa:ɐ̯t na:x ... bɪtə] 46
einen Wirbel ausrenken, sich [ainən 'vɪrbl̩ ausrɛŋkn] 74
einfach ['ainfax] 110
Einfahrt, die ['einfa:ɐ̯t] 37
Einfahrt verboten ['ainfa:ɐ̯t fɛɐ̯'bo:tn̩] 38
Einfamilienhaus, das ['ainfami:li̯ənhaus] 16
einfügen ['aɪnfy:gən] 86
eingeben ['aɪnge:bn̩] 85
Einkaufskorb, der ['ainkaufskɔrp] 61
Einkaufswagen, der ['ainkaufsva:gn̩] 61
einloggen, sich ['aɪnlɔgn̩] 85
einmal ['ainma:l] 110
eins [ains] 106
Einschreiben, das ['aɪnʃraibn̩] 91
einsteigen ['ainʃtaign̩] 46
Einstellungen, die ['aɪnʃtɛlʊŋən] 87
Eintopf, der ['aɪntɔpf] 59
einundzwanzig ['ain?ʊnttsvantsɪç] 107
einundzwanzigste(r, s) ['ain?ʊnttsvantsɪçstə] 108
Eisbergsalat, der ['aisbɛrkzala:t] 51
Eiweiß, das ['aivais] 49
Elektrobohrer, der [e'lɛktrobo:rɐ] 31
elf [ɛlf] 107
elfte(r, s) ['ɛlftə] 108
Ellbogen, der ['ɛlbo:gn̩] 65
Eltern, die ['ɛltɐn] 12
E-Mail-Adresse, die ['i:me:ladrɛsə] 88
empfangen [ɛm'pfaŋən] 88
Empfänger, der [ɛm'pfɛŋɐ] 91
Energiesparlampe, die [enɛr'gi:ʃpa:ɐ̯lampə] 33
Enkel, der ['ɛŋkl̩] 10
Enkelin, die ['ɛŋkəlɪn] 10
Entfernungstafel, die [ɛnt'fɛrnʊŋsta:fl̩] 37
entlassen werden [ɛnt'lasn̩ ve:ɐ̯dn̩] 83
Entschuldigung, ich habe mich verwählt. [ɛnt'ʃʊldɪgʊŋ ɪç 'ha:bə mɪç fɛɐ̯'vɛ:lt] 90
Erdbeere, die ['e:ɐ̯tbe:rə] 53
Erdgeschoss, das ['e:ɐ̯tgəʃɔs] 18
Ergebnisse, die [ɛɐ'ge:pnɪsə] 70
Erkältung, die [ɛɐ̯'kɛltʊŋ] 72
ernten ['ɛrntn̩] 34
Ersatzreifen, der [ɛɐ̯'zatsraifn̩] 43
erste Stock, der ['ɛrstə ʃtɔk] 18
erste(r, s) ['e:ɐ̯stə] 108
Erste-Hilfe-Kasten, der [e:ɐ̯stə'hɪlfəkastn̩] 75
Es ist ein Unfall passiert! [ɛs ɪst ain 'ʊnfal pasi:ɐ̯t] 102
Es ist zwei Uhr. [ɛs ɪst 'tsvai 'u:ɐ̯] 112
Essig, der ['ɛsɪç] 55
Essteller, der ['ɛstɛlɐ] 59
Esstisch, der ['ɛstɪʃ] 21

F

Fahrerseite, die ['fa:rɐzaitə] 39
Fahrersitz, der ['fa:rɐzɪts] 41
Fahrkarte, die ['fa:ɐ̯kartə] 44
Fahrkartenautomat, der ['fa:ɐ̯kartn?automa:t] 44
Fahrplan, der ['fa:ɐ̯pla:n] 44
Fahrpreis, der ['fa:ɐ̯prais] 44
Fahrradhelm, der ['fa:ɐ̯ra:thɛlm] 45
Fahrradschlauch flicken, einen ['fa:ɐ̯ra:tʃlaux flɪkn] 45
Fahrradschloss, das ['fa:ɐ̯ra:tʃlɔs] 45
Fahrspur, die ['fa:ɐ̯ʃpu:ɐ̯] 36
Farbe, die ['farbə] 32
Farbwanne, die ['farpvanə] 32
fasten ['fastn] 60
Faxgerät, das ['faksgərɛ:t] 90
Fehlermeldung, die ['fe:lɐmɛldʊŋ] 87
Feiertag, der ['faiɐta:k] 114
Feinkost, die ['fainkɔst] 62
Fenster, das ['fɛnstɐ] 18
Fensterbrett, das ['fɛnstɐbrɛt] 21
Fernsehbank, die ['fɛrnze:baŋk] 19
Ferse, die ['fɛrzə] 65
Fett, das [fɛt] 60

Feuchttuch, das ['fɔyçttu:x] 77
Feuerlöscher, der ['fɔyɐlœʃɐ] 42, 102
Feuerwehrmann, der ['fɔyɐve:ɐman] 102
Fieber, das ['fi:bɐ] 72
Fieberthermometer, das/der ['fi:bɐtɛrmome:tɐ] 77
Fingernagel, der ['fɪŋɐna:gl̩] 66
Fischsteak, das ['fɪʃste:k] 48
Fischtheke, die ['fɪʃte:kə] 62
Flachpinsel, der ['flaxpɪnzl̩] 32
Fladenbrot, das ['fla:dn̩bro:t] 56
Fläschchen, das ['flɛʃçən] 69
Flatrate, die ['flɛtreɪt] 89
Fleckenentferner, der ['flɛkn̩ɛntfɛrnɐ] 28
Fleisch und Geflügel, das ['flaiʃ ʊnt gə'fly:gl̩] 62
fliehen ['fli:ən] 101
Flip-Flop®, der ['flɪpflɔp] 98
Flur, der [flu:ɐ] 17
Folie, die ['fo:li̯ə] 82
Forelle, die [fo'rɛlə] 48
Fortschrittsbalken, der ['fɔrtʃrɪtsbalkən] 87
Frau, die [frau] 12
Frau ... [frau] 12
Freitag, der ['fraita:k] 115
Freund, der ['frɔynt] 12
Freunde, die ['frɔyndə] 13
Freundin, die ['frɔyndɪn] 12
Fruchtblase, die ['frʊxtbla:zə] 69
Fruchtwasser, das ['frʊxtvasɐ] 69
Frühling, der ['fry:lɪŋ] 114
Frühlingszwiebel, die ['fry:lɪŋstsvi:bl̩] 50
Frühstücksflocken, die ['fry:ʃtʏksflɔkn̩] 62
Fruktose, die [frʊk'to:zə] 60
fünf [fʏnf] 106
fünf nach zwölf ['fʏnf na:x 'tsvœlf] 113
fünf Uhr ['fʏnf 'u:ɐ] 112
fünf und drei Achtel ['fʏnf ʊnt drai 'axtl̩] 110
fünffach ['fʏnffax] 110
fünfte(r, s) ['fʏnftə] 108
Fünftel, ein ['fʏnftl̩] 110
fünfundfünfzigtausend ['fʏnfʔʊntfʏnftsɪçtauznt] 107
fünfzehn ['fʏnftse:n] 107
fünfzehn Uhr ['fʏnftse:n 'u:ɐ] 113
fünfzehnte(r, s) ['fʏnftse:ntə] 108
fünfzig ['fʏnftsɪç] 107
fünfzigste(r, s) ['fʏnftsɪçstə] 109
fünfzigtausend ['fʏnftsɪçtauznt] 107
Funkloch, das ['fʊŋklɔx] 89
Fuß, der [fu:s] 64
Fuß verstauchen/brechen, sich den [de:n 'fu:s fɛɐ̯ʃtauxn̩/brɛçn̩] 74
Fußabtreter, der ['fu:saptre:tɐ] 16
Fußbodenheizung, die ['fu:sbo:dn̩haitsʊŋ] 33
Fußgängerampel, die ['fu:sgɛŋɐʔampl̩] 36
Fußstütze, die ['fu:sʃtʏtsə] 41, 73

G

Gabel, die ['ga:bl̩] 59
Garage, die [ga'ra:ʒə] 17
Garnele, die [gar'ne:lə] 48
Gartenschlauch, der ['gartn̩ʃlaux] 34
Gaspedal, das ['ga:speda:l] 41
Gebärdensprache, die [gə'bɛ:ɐ̯dn̩ʃpra:xə] 73
gebratenen Nudeln, die [gə'bra:tənən 'nu:dl̩n] 58
Geburt, die [gə'bu:ɐ̯t] 69
Geburt einleiten, die [di: gə'bu:ɐ̯t ainlaitn̩] 69
Geburtstag, der [gə'bu:ɐ̯tsta:k] 14
Gefahr, die [gə'fa:ɐ] 102
Gefälle, das [gə'fɛlə] 38
Gefrierschrank, der [gə'fri:ɐ̯ʃraŋk] 22
gegart [gə'gart] 52
Gegen Mittag. ['ge:gn̩ 'mɪta:k] 113
Gegenverkehr, der ['ge:gn̩fɛɐ̯ke:ɐ] 38
Gehalt, das [gə'halt] 83
Gehirnerschütterung, die [gə'hɪrnʔɛɐ̯ʃʏtərʊŋ] 74
gekocht [gə'kɔxt] 52
Geld abheben ['gɛlt aphe:bn̩] 105
Geld einzahlen ['gɛlt aintsa:lən] 105
Geldautomat, der ['gɛltʔautoma:t] 105
Geldschein, der ['gɛltʃain] 105
Gepäckraum, der [gə'pɛkraum] 44
Gesäß, das [gə'zɛ:s] 65
geschält [gə'ʃɛ:lt] 54
geschieden [gə'ʃi:dn̩] 12
Geschmacksverstärker, der [gə'ʃmaksfɛɐ̯ʃtɛrkɐ] 60
Geschwindigkeitsbegrenzung, die [gə'ʃvɪndɪçkaits-bəgrɛntsʊŋ] 38
Geschwindigkeitsüberschreitung, die [gə'ʃvɪndɪçkaitsʔy:bɐʃraitʊŋ] 37
Geschwister, die [gə'ʃvɪstɐ] 13
Gesichtscreme, die [gə'zɪçtskre:m] 78
gestern ['gɛstɐn] 114
gesund [gə'zʊnt] 72
gesunde Ernährung, die [gə'zʊndə ɛɐ̯'nɛ:rʊŋ] 60
Getriebe, das [gə'tri:bə] 42
Gewalt, die [gə'valt] 101
Gewicht, das [gə'vɪçt] 92
gießen ['gi:sn̩] 34
Girokonto, das ['ʒi:rokɔnto] 104
Gleisnummer, die ['glaisnʊmɐ] 46
Glühbirne, die ['gly:bɪrnə] 33
Glukose, die [glu'ko:zə] 60
glutenfrei [glu'te:nfrai] 60
Gramm, das [gram] 116
Grapefruit, die ['gre:pfru:t] 54
Greifreifen, der ['graifraifn̩] 73
Grippe, die ['grɪpə] 72
groß [gro:s] 58
große Zeh, der ['gro:sə 'tse:] 66
Großeltern, die ['gro:sʔɛltɐn] 12
Großmutter, die ['gro:smʊtɐ] 11
Großvater, der ['gro:sfa:tɐ] 11
Grundstück, das ['grʊntʃtʏk] 16
grüne Bohne, die [gry:nə 'bo:nə] 52
Gummihandschuh, der ['gʊmihantʃu:] 29
Gummistiefel, der ['gʊmiʃti:fl̩] 98
Gummiwischer, der ['gʊmivɪʃɐ] 29
Gürtel, der ['gʏrtl̩] 98
Gürtelschlaufe, die ['gʏrtl̩ʃlaufə] 98
Guten Abend! [gu:tn̩ 'a:bn̩t] 14
Guten Morgen! [gu:tn̩ 'mɔrgn̩] 14
Guten Tag! [gu:tn̩ 'ta:k] 14
Guthaben, das ['gu:tha:bn̩] 89

H

Haar, das [ha:ɐ] 67
Haarbürste, die ['ha:ɐ̯bʏrstə] 78

Haben Sie das auch eine Nummer größer/kleiner? [ha:bn̩ zi: das aux ainə nʊmɐ 'grø:sɐ/'klainɐ] 97
Haftnotiz, die ['haftnoti:ts] 81
Hähnchen, das ['hɛnçən] 48
halb elf [halp 'ɛlf] 113
halbe Stunde, eine ['halbə 'ʃtʊndə] 112
halbe(r/s), eine/ein ['halbə(ɐ/əs)] 110
Hallo! [ha'lo:] 14
Hals, der [hals] 64
Halsschmerzen, die ['halsʃmɛrtsn̩] 71
Halteknopf, der ['haltəknɔpf] 44
Halteschlaufe, die ['haltəʃlaufə] 44
Halteverbot, das ['haltəfɛɐ̯bo:t] 38
Hamburger, der ['hambʊrgɐ] 58
Hammer, der ['hamɐ] 30
Hand, die [hant] 65
Hand geben, sich die [di: 'hant ge:bn̩] 13
Handbremse, die ['hantbrɛmzə] 41
Handfeger, der ['hantfe:gɐ] 29
Handgelenk, das ['hantgəlɛŋk] 65
Handrührgerät, das ['hantry:ɐ̯gərɛ:t] 23
Handsäge, die ['hantzɛ:gə] 30
Handschuhfach, das ['hantʃu:fax] 41
Handtuch, das ['hanttu:x] 27
Handy, das ['hændi] 89
Hängeschrank, der ['hɛŋəʃraŋk] 22
Hausbriefkasten, der ['hausbri:fkastn̩] 92
Hausmeister, der ['hausmaistɐ] 17
Hausnummer, die ['hausnʊmɐ] 16
Hausschlüssel, der ['hausʃlʏsl̩] 16
Haustür, die ['hausty:ɐ̯] 18
Hautausschlag, der ['haut?ausʃla:k] 71
Hautpflege, die ['hautpfle:gə] 77
Hebamme, die ['he:p?amə] 69
Heidelbeere, die ['haidlbe:rə] 53
Heizkörper, der ['haitskœrpɐ] 33
Heizung anschalten/ausschalten, die ['haitsʊŋ anʃaltn̩/ausʃaltn̩] 33
Hemd, das [hɛmt] 95
Herbst, der [hɛrpst] 114
Herd, der [he:ɐ̯t] 22
Herr ... [hɛr] 12
Herz, das [hɛrts] 68
Herzlich willkommen! [hɛrtslɪç vɪl'kɔmən] 14
Heuschnupfen, der ['hɔyʃnʊpfn̩] 72
heute ['hɔytə] 114
Hilfe! ['hɪlfə] 102
Himbeere, die ['hɪmbe:rə] 53
Hinterrad, das ['hɪntera:t] 45
Hochstuhl, der ['ho:xʃtu:l] 19
Hochzeit, die ['hɔxtsait] 14
Hocker, der ['hɔkɐ] 25
Hof, der [ho:f] 16
hohe Blutdruck, der ['ho:ə 'blu:tdrʊk] 72
hohe Stiefel, der [ho:hə 'ʃti:fl̩] 98
Holzboden, der ['hɔltsbo:dn̩] 21
Honigmelone, die ['ho:nɪçmelo:nə] 54
Hörgerät, das ['hø:ɐ̯gərɛ:t] 73
Hose, die ['ho:zə] 95
Hüfte, die ['hʏftə] 64
Hühnerei, das ['hy:nɐ?ai] 49
Hummer, der ['hʊmɐ] 48
hundert ['hʊndɐt] 107
hundertste(r, s) ['hʊndɐtstə] 109
hunderttausend ['hʊndɐttauznt̩] 107
Hupe, die ['hu:pə] 41
Husten, der ['hu:stn̩] 72
Hustenbonbon, das/der ['hu:stn̩bɔŋ'bɔŋ] 77
Hustensaft, der ['hu:stn̩saft] 76
Hydrant, der [hy'drant] 102
Hypothek, die [hypo'te:k] 104

I

Ich habe eine Panne. [ɪç ha:bə ainə 'panə] 43
Ich heiße ... [ɪç 'haisə] 14
Ich möchte bitte ... sprechen. [ɪç 'mœçtə 'bɪtə ... 'ʃprɛçn̩] 90
Ich möchte gerne ein Konto eröffnen. [ɪç moeçtə gɛrnə ain 'kɔnto ɛɐ̯?oefnən] 105
Ich stelle Sie durch. [ɪç 'ʃtɛlə zi: 'dʊrç] 90
Ich würde gerne etwas zum Mitnehmen bestellen. [ɪç vʏrdə 'gɛrnə ɛtvas tsʊm 'mɪtne:mən bəʃtɛlən] 58
im Internet surfen [ɪm 'ɪntɐnɛt 'sə:fən] 88
in Ohnmacht fallen [ɪn 'o:nmaxt falən] 74
in Rente gehen [ɪn 'rɛntə ge:ən] 83
Inbusschlüssel, der ['ɪnbʊsʃlʏsl̩] 31
Infekt, der [ɪn'fɛkt] 71
Insektenstich, der [ɪn'zɛktn̩ʃtɪç] 74
Ist dieser Platz noch frei? [ɪst 'di:zɐ plats nɔx 'frai] 46
ist gleich [ɪst 'glaiç] 111

J

Jahr, das ['ja:ɐ̯] 115
Jahresurlaub, der ['ja:ɐ̯rəs?u:ɐ̯laup] 83
Jeans, die ['dʒi:nz] 96
jede(r/s) ['je:də(ɐ/s)] 111
Joghurt, der ['jo:gʊrt] 49
Jugendliche, die ['ju:gn̩tlɪçə] 12
Junge, der ['jʊŋə] 13

K

Kabel, das ['ka:bl̩] 90
kacheln ['kaxl̩n] 32
Kaffee, der ['kafe] 57
Kaffee zum Mitnehmen, der ['kafe tsʊm 'mɪtne:mən] 57
Kaffeemaschine, die ['kafemaʃi:nə] 23
Kalorien, die [kalo'ri:ən] 60
Kamin, der [ka'mi:n] 20
Kamm, der [kam] 78
Kapsel, die ['kapsl̩] 76
Karotte, die [ka'rɔtə] 50
Kartoffel, die [kar'tɔfl̩] 50
Käse, der ['kɛ:zə] 49
Kasse, die ['kasə] 61
Kassenzettel, der ['kasn̩tsɛtl̩] 62
Kassierer, der [ka'si:rɐ] 61
Kassiererin, die [ka'si:rərɪn] 104
Kaution, die [kau'tsio:n] 17
Kehrschaufel, die ['ke:ɐ̯ʃaufl̩] 29
Keilabsatz, der ['kail?apzats] 98
Keller, der ['kɛlɐ] 17
Kerze, die ['kɛrtsə] 21
Ketchup, der/das ['kɛtʃap] 55
Kette, die ['kɛtə] 45
Kilogramm, das ['ki:logram] 116
Kilometer, der [kilo'me:tɐ] 116

Kind, das [kɪnt] 12
Kinderwagen, der [ˈkɪndɐva:gn̩] 26
Kinn, das [kɪn] 67
Kirsche, die [ˈkɪrʃə] 53
Kissenbezug, der [ˈkɪsn̩bətsu:k] 25
Kleid, das [klait] 96
Kleiderbügel, der [ˈklaidɐby:gl̩] 19
Kleiderhaken, der [ˈklaidɐha:kn̩] 19
klein [klain] 58
Kleinbus, der [ˈklainbʊs] 44
kleine Finger, der [ˈklainə ˈfɪŋɐ] 66
kleine Geschenk, das [klainə gəˈʃɛŋk] 14
kleine Zeh, der [ˈklainə ˈtse:] 66
Klettverschluss, der [ˈklɛtfɛɐ̯ʃlʊs] 97
klicken [ˈklɪkən] 86
klingeln [ˈklɪŋln̩] 90
Klingelton, der [ˈklɪŋlto:n] 89
Klobürste, die [ˈklo:bʏrstə] 27
Klostein, der [ˈklo:ʃtain] 27
Knie, das [kni:] 64
Kniekehle, die [ˈkni:ke:lə] 65
Knoblauch, der [ˈkno:blaux] 50
Knöchel, der [ˈknœçl̩] 65
Knochenbruch, der [ˈknɔxn̩brʊx] 74
Knopf, der [knɔpf] 97
Kochlöffel, der [ˈkɔxlœfl̩] 24
Kochtopf, der [ˈkɔxtɔpf] 24
Koffer, der [ˈkɔfɐ] 97
Kofferraum, der [ˈkɔfɐraum] 40
Kollege, der [kɔˈle:gə] 83
Kollegin, die [kɔˈle:gɪn] 83
Kombizange, die [ˈkɔmbitsaŋə] 30
Kommode, die [kɔˈmo:də] 25
Können Sie mich bitte zurückrufen? [ˈkœnən zi: mɪç ˈbɪtə tsuˈrʏkru:fn̩] 90
Könnte ich das mal anprobieren? [kœntə ɪç das ma:l ˈanprobi:rən] 97
Könnten Sie bitte den Pannendienst anrufen? [kœntn̩ zi: bɪtə de:n ˈpanəndi:nst ˈanru:fn̩] 43
Könnten Sie mir beim Reifenwechseln helfen? [kœntn̩ zi: mi:ɐ baim ˈrai-fn̩vɛksl̩n hɛlfn̩] 43
Könnten Sie mir das bitte wechseln? [kœntn̩ zi: mi:ɐ das bɪtə ˈvɛksl̩n] 105
Könnten Sie mir Starthilfe geben? [kœntn̩ zi: mi:ɐ̯ ˈʃtarthɪlfə ge:bn̩] 43
Konserven, die [kɔnˈzɛrvn̩] 62
Kontonummer, die [ˈkɔntonʊmɐ] 104
Kontoüberziehung, die [ˈkɔntoʔy:bɐtsi:ʊŋ] 104
Kopf, der [kɔpf] 64
Kopfhörer, der [ˈkɔpfhø:rɐ] 90
Kopfkissen, das [ˈkɔpfkɪsn̩] 25
Kopfsalat, der [ˈkɔpfzala:t] 51
Kopfschmerzen, die [ˈkɔpfʃmɛrtsn̩] 71
Kopfstütze, die [ˈkɔpfʃtʏtsə] 41
kopieren [koˈpi:rən] 86
Körperverletzung, die [ˈkœrpɐfɛɐlɛtsʊŋ] 101
Kragen, der [ˈkra:gən] 95
krank [kraŋk] 72
Krankenkasse, die [ˈkraŋkn̩kasə] 70
Kräutertee, der [ˈkrɔytɐte:] 57
Krawatte, die [kraˈvatə] 95
Krebs, der [kre:ps] 48
Kreditkarte, die [kreˈdi:tkartə] 105
Kreisverkehr, der [ˈkraisfɛɐ̯ke:ɐ̯] 36
Kreuzung, die [ˈkrɔytsʊŋ] 37
Kronleuchter, der [ˈkro:nlɔyçtɐ] 21
Krücke, die [ˈkrʏkə] 73
Küchenhocker, der [ˈkʏçn̩hɔkɐ] 22
Küchenmaschine, die [ˈkʏçn̩maʃi:nə] 23
Küchenmesser, das [ˈkʏçn̩mɛsɐ] 24
Küchenpapier, das [ˈkʏçn̩papi:ɐ̯] 23
Küchensieb, das [ˈkʏçn̩zi:p] 24
Küchenwaage, die [ˈkʏçn̩va:gə] 23
Kugelschreiber, der [ˈku:gl̩ʃraibɐ] 81
Kühler, der [ˈky:lɐ] 42
Kühlergrill, der [ˈky:lɐgrɪl] 39
Kühlregal, das [ˈky:lrega:l] 62
Kühlschrank, der [ˈky:lʃraŋk] 22
Kulturbeutel, der [kʊlˈtu:ɐ̯bɔytl̩] 78
kündigen, jemandem [je:mandəm ˈkʏndɪgn̩] 83
Kundin, die [ˈkʊndɪn] 61
Kupplungspedal, das [ˈkʊplʊŋspeda:l] 41
kurze Hose, die [kʊrtsə ˈho:zə] 95
Kuss geben, jemandem einen [je:mandɛm ainən ˈkʊs ge:bn̩] 14

L

lachen [ˈlaxn̩] 14
Lachs, der [laks] 48
Laken, das [ˈla:kn̩] 25
laktosefrei [lakˈto:zəfrai] 60
Lammfleisch, das [ˈlamflaiʃ] 48
Lampe, die [ˈlampə] 20
Laptop, der/das [ˈlɛptɔp] 84
Laserdrucker, der [ˈle:zɐdrʊkɐ] 85
Lätzchen, das [ˈlɛtsçən] 94
Lauch, der [laux] 50
Laufstall, der [ˈlaufʃtal] 26
Lautsprecher, der [ˈlautʃprɛçɐ] 84
Lebenslauf, der [ˈle:bn̩slauf] 80
Lebensmittelintoleranz, die [ˈle:bn̩smɪtl̩ɪntolerants] 60
Leber, die [ˈle:bɐ] 68
ledig [ˈle:dɪç] 12
Leerungszeiten, die [ˈle:rʊŋstsaitn̩] 92
Leggings, die [ˈlɛgɪŋs] 97
Leiste, die [ˈlaistə] 64
Leitung, die [ˈlaitʊŋ] 33
Lenker, der [ˈlɛŋkɐ] 45
Lenkrad, das [ˈlɛŋkra:t] 41
letzte(r, s) [ˈlɛtstə] 109
Leukoplast®, das [lɔykoˈplast] 75
liefern [ˈli:fɐn] 58, 92
Lieferservice, der [ˈli:fɐzøɐ̯vɪs] 58
Limette, die [liˈmɛtə] 54
Linienbus, der [ˈli:ni̯ənbʊs] 44
Lippe, die [ˈlɪpə] 67
Liter, der/das [ˈli:tɐ] 116
Literanzeige, die [ˈli:tɐʔantsaigə] 42
Locher, der [ˈlɔxɐ] 81
löschen [ˈlœʃən] 86
Lösungsmittel, das [ˈlø:zʊŋsmɪtl̩] 32
Luftpumpe, die [ˈlʊftpʊmpə] 45
Luftröhre, die [ˈlʊftrø:rə] 68
Lunge, die [ˈlʊŋə] 68

M

Mädchen, das [ˈmɛ:tçən] 13
Magen, der [ˈma:gn̩] 68

Magenschmerzen, die [ˈmaːgn̩ʃmɛrtsn̩] 71
Mail weiterleiten, eine [ˈmeːl ˈvaitɐlaitn̩] 88
Mais, der [mais] 52
Managerin, die [ˈmɛnɪʤərɪn] 83
manche [ˈmançə] 111
manchmal [ˈmançmaːl] 110
Mann, der [man] 12
markieren [marˈkiːrən] 85
Maßband, das [ˈmaːsbant] 30
Matratze, die [maˈtratsə] 25
Maus, die [maʊs] 84
Mauspad, das [ˈmauspɛt] 85
Mauszeiger, der [ˈmaustsaigɐ] 87
Mayonnaise, die [majɔˈnɛːzə] 55
Medikament, das [medikaˈmɛnt] 76
mehrfach [ˈmeːɐ̯fax] 110
Mehrfachsteckdose, die [ˈmeːɐ̯faxʃtɛkdoːzə] 33
Mehrfamilienhaus, das [ˈmeːɐ̯famiːli̯ənhaus] 16
mehrmals [ˈmeːɐ̯maːls] 110
Meile, die [ˈmailə] 116
Messbecher, der [ˈmɛsbɛçɐ] 76
Messer, das [ˈmɛsɐ] 59
Meter, der/das [ˈmeːtɐ] 116
Miesmuschel, die [ˈmiːsmʊʃl̩] 48
Miete, die [ˈmiːtə] 17
mieten [ˈmiːtn̩] 17
Mieter, der [ˈmiːtɐ] 17
Mieterin, die [ˈmiːtɐrin] 17
Mietvertrag, der [ˈmiːtfɛɐ̯traːk] 17
Mietwohnung, die [ˈmiːtvoːnʊŋ] 16
Mikrofon, das [mikroˈfoːn] 90
Mikrowelle, die [ˈmiːkrovɛlə] 23
Milch, die [mɪlç] 49
Milchprodukte, die [ˈmɪlçprodʊktə] 62
Milchpulver, das [ˈmɪlçpʊlvɐ] 69
Milliarde, eine [mɪˈli̯ardə] 107
Milliliter, der/das [mɪliˈliːtɐ] 116
Millimeter, der/das [mɪliˈmeːtɐ] 116
Million, eine [mɪˈli̯oːn] 107
millionste(r, s) [mɪˈli̯oːnstə] 109
Milz, die [mɪlts] 68
Minute, die [miˈnuːtə] 112
Mittag, der [ˈmɪtaːk] 114
Mittelfinger, der [ˈmɪtl̩fɪŋɐ] 66
mittelgroß [ˈmɪtl̩groːs] 58
Mittelstreifen, der [ˈmɪtl̩ʃtraifn̩] 37
Mitternacht, die [ˈmɪtɐnaxt] 113, 114
Mittwoch, der [ˈmɪtvɔx] 115
Mixer, der [ˈmɪksɐ] 23
Monat, der [ˈmoːnat] 115
Monatskarte, die [ˈmoːnatskartə] 44
Montag, der [ˈmoːntaːk] 115
Mord, der [mɔrt] 101
Morgen, der [ˈmɔrgn̩] 114
morgen [ˈmɔrgn̩] 114
Motor, der [ˈmoːtoːɐ̯] 42
Motorhaube, die [ˈmoːtoːɐ̯haubə] 40
Müllbeutel, der [ˈmʏlbɔytl̩] 31
Mullbinde, die [ˈmʊlbɪndə] 75
multiplizieren [mʊltipliˈtsiːrən] 111
Mund, der [mʊnt] 67
Mund-zu-Mund-Beatmung, die [mʊnttsuːˈmʊntbəʔaːtmʊŋ] 100
Münze, die [ˈmʏntsə] 105
Mutter, die [mʊtɐ] 11, 30
Mütze, die [ˈmʏtsə] 94

N

Nabelschnur, die [ˈnaːbl̩ʃnuːɐ̯] 69
Nachbar, der [ˈnaxbaːɐ̯] 13
Nachbarin, die [ˈnaxbaːrɪn] 13
Nachmittag, der [ˈnaːxmɪtaːk] 114
Nachricht, die [ˈnaːxrɪçt] 88
Nachttisch, der [ˈnaxttɪʃ] 25
Nachttischlampe, die [ˈnaxttɪʃlampə] 25
Nacken, der [ˈnakn̩] 65
Nagel, der [ˈnaːgl̩] 30
Nagelfeile, die [ˈnaːgl̩failə] 77
Nagelschere, die [ˈnaːgl̩ʃeːrə] 78
Nase, die [ˈnaːzə] 67
Natrium, das [ˈnaːtriʊm] 60
Nebelscheinwerfer, der [ˈneːbl̩ʃainvɛrfɐ] 39
Nebenwirkung, die [ˈneːbn̩vɪrkʊŋ] 77
Neffe, der [ˈnɛfə] 11
Nektarine, die [nɛktaˈriːnə] 53
neun [nɔyn] 106
neunte(r, s) [ˈnɔyntə] 108
neunzehn [ˈnɔyntseːn] 107
neunzig [ˈnɔyntsɪç] 107
neunzigste(r, s) [ˈnɔyntsɪçstə] 109
Neustart, der [ˈnɔɪʃtart] 85
Nicht knicken! [nɪçt ˈknɪkn̩] 92
Nichte, die [ˈnɪçtə] 11
Niederflurbus, der [ˈniːdɐfluːɐ̯bʊs] 44
niedrige Blutdruck, der [ˈniːdrɪgə ˈbluːtdrʊk] 72
niemals [ˈniːmaːls] 110
Niesen, das [ˈniːzn̩] 72
Notausgang, der [ˈnoːtʔausgaŋ] 102
Notizbuch, das [noˈtiːtsbuːx] 81
Notrufnummer, die [ˈnoːtruːfnʊmɐ] 102
Nugget, das [ˈnagɪt] 58
null [nʊl] 106
Nummernschild, das [ˈnʊmɐnʃɪlt] 39

O

oben [ˈoːbn̩] 92
Oberschenkel, der [ˈoːbɐʃɛŋkl̩] 64
Oberteil, das [ˈoːbɐtail] 96
Obst und Gemüse, das [ˈoːpst ʊnt gəˈmyːzə] 62
ohne Eier [oːnə ˈaiɐ] 60
Ohr, das [oːɐ̯] 67
Ohrstöpsel, der [ˈoːɐ̯ʃtœpsl̩] 77
Okraschote, die [ˈokraʃoːtə] 52
Olivenöl, das [oˈliːvn̩ʔøːl] 55
Onkel, der [ˈɔŋkl̩] 11
Onlinebanking, das [ˈɔnlainbɛŋkɪŋ] 104
Orange, die [oˈrãːʒə] 54
Orangensaft, der [oˈrãːʒn̩zaft] 57
Ordner, der [ˈɔrdnɐ] 81, 86

P

Paar, ein [ˈpaːɐ̯] 111
paar, ein [ˈpaːɐ̯] 111
Paar, das [paːɐ̯] 12
Päckchen, das [ˈpɛkçən] 92
Paket, das [paˈkeːt] 92
Papierkorb, der [paˈpiːɐ̯kɔrp] 86
Paprika, der/die [ˈpaprika] 52
Parfüm, das [parˈfyːm] 78
Pastinake, die [pastiˈnaːkə] 50
Patenonkel, der [ˈpaːtn̩ɔŋkl̩] 13
Patentante, die [ˈpaːtn̩tantə] 13
Patientin, die [paˈtsi̯ɛntɪn] 70

Pedal, das [peˈdaːl] 45
per Luftpost [pɛr ˈlʊftpɔst] 92
Personalreferentin, die [pɛrzoˈnaːlreferɛntɪn] 80
Pfeffer, der [ˈpfɛfɐ] 55
Pfeffermühle, die [ˈpfɛfɐmyːlə] 55
Pfirsich, der [ˈpfɪrzɪç] 53
Pflaster, das [ˈpflastɐ] 75
Pflaume, die [ˈpflaumə] 53
PIN-Nummer, die [ˈpɪnnʊmɐ] 104
Pint, das [paɪnt] 116
Pinzette, die [pɪnˈtsɛtə] 78
Pizza, die [ˈpɪtsa] 58
Plazenta, die [plaˈtsɛnta] 69
Polizeiauto, das [poliˈtsaiʔauto] 101
Polizist, der [poliˈtsɪst] 101
Polizistin, die [poliˈtsɪstɪn] 101
Polohemd, das [ˈpoːlohɛmt] 95
Pommes frites, die [pɔm ˈfrɪt] 58
Porto, das [ˈpɔrto] 92
portofrei [ˈpɔrtofrai] 91
Postanweisung, die [ˈpɔstanvaizʊŋ] 92
Postausgang, der [ˈpɔstausgaŋ] 88
Posteingang, der [ˈpɔstaɪngaŋ] 88
Postfach, das [ˈpɔstfax] 91
Postleitzahl, die [ˈpɔstlaittsaːl] 91
Präsentation, die [prɛzɛntaˈtsi̯oːn] 82
Preisanzeige, die [ˈpraisʔantsaigə] 42
Prepaidkarte, die [ˈpriːpeːtkartə] 89
pressen [ˈprɛsn̩] 69
Programm, das [proˈgram] 87
Programm deinstallieren, ein [proˈgram ˈdeɪnstaliːrən] 87
Programm installieren, ein [proˈgram ɪnstaˈliːrən] 87
protokollieren [protokɔˈliːrən] 82
Provision, die [proviˈzi̯oːn] 105
Prozent, das [proˈtsɛnt] 111
Pulsmessung, die [ˈpʊlsmɛsʊŋ] 100
pünktlich [ˈpʏŋktlɪç] 46
Puppe, die [ˈpʊpə] 26
Püree, das [pyˈreː] 52
püriert [pyˈriːɐ̯t] 52

Q

Quadratmeter, der/das [kvaˈdraːtmeːtɐ] 116
Qualifikation, die [kvalifikaˈtsi̯oːn] 80
Quark, der [kvark] 49

R

Rad, das [raːt] 39
Radiergummi, der [raˈdiːɐ̯gʊmi] 81
Radieschen, das [raˈdiːsçən] 50
Radkappe, die [ˈraːtkapə] 40
Radmutternschlüssel, der [ˈraːtmʊtɐnʃlʏsl̩] 43
Rasen mähen, den [deːn ˈraːzn̩ mɛːən] 34
Rasenmäher, der [ˈraːzn̩mɛːɐ] 34
Rassel, die [ˈrasl̩] 26
Raststätte, die [ˈrastʃtɛtə] 37
Raubüberfall, der [ˈraupʔyːbɐfal] 101
Rauchmelder, der [ˈrauxmɛldɐ] 17, 102
Rechen, der [ˈrɛçn̩] 34
Rechner herunterfahren, den [deːn ˈrɛçnɐ hɛˈrʊntɐfaːrən] 87
Rechner hochfahren, den [deːn ˈrɛçnɐ ˈhoːxfaːrən] 87
Rechnung, die [ˈrɛçnʊŋ] 105
Reibe, die [ˈraibə] 24
Reifen, der [ˈraifn̩] 40, 45
Reifen wechseln, den [deːn ˈraifn̩ vɛksln̩] 43
Reifenfüllgerät, das [ˈraifn̩fʏlgərɛːt] 42
Reifenpanne, die [ˈraifn̩panə] 43
Reinigungsmittel, das [ˈrainɪgʊŋsmɪtl̩] 29
Reisebus, der [ˈraizəbʊs] 44
Reisetasche, die [ˈraizətaʃə] 97
Reiskocher, der [ˈraiskɔxɐ] 23
Reißverschluss, der [ˈraisfɛɐ̯ʃlʊs] 97
Reißzwecke, die [ˈraistsvɛkə] 81
Reserverad, das [reˈzɛrvəraːt] 43
Rettungsring, der [ˈrɛtʊŋsrɪŋ] 102
Rettungswagen, der [ˈrɛtʊŋsvaːgn̩] 100
Rezept, das [reˈtsɛpt] 70
Riemen, der [ˈriːmən] 98
Rindfleisch, das [ˈrɪntflaiʃ] 48
Ringfinger, der [ˈrɪŋfɪŋɐ] 66
Rock, der [rɔk] 96
roh [roː] 52
Rollator, der [rɔˈlatoːɐ̯] 73
Rollkragenpullover, der [ˈrɔlkraːgn̩pʊloːvɐ] 95
Rollo, das [ˈrɔlo] 21
Rollstuhl, der [ˈrɔlʃtuːl] 73
Rolltreppe, die [ˈrɔltrɛpə] 46
Rosenkohl, der [ˈroːzn̩koːl] 51
Rosenschere, die [ˈroːzn̩ʃeːrə] 34
Rote Bete, die [roːtə ˈbeːtə] 50
rote Zwiebel, die [roːtə ˈtsviːbl̩] 50
Rotkohl, der [ˈroːtkoːl] 51
Rotwein, der [ˈroːtvain] 57
Router, der [ˈruːtɐ] 89
Rübe, die [ˈryːbə] 50
Rücken, der [ˈrʏkn̩] 65
Rückfahrscheinwerfer, der [ˈrʏkfaːɐ̯ʃainvɛrfɐ] 40
rückgängig machen [ˈrʏkgɛŋɪç ˈmaxən] 87
Rückleuchte, die [ˈrʏklɔyçtə] 40
Rucksack, der [ˈrʊkzak] 97
Rückspiegel, der [ˈrʏkʃpiːgl̩] 39
rückwärtsfahren [ˈrʏkvɛrtsfaːrən] 37
Rufen Sie die Feuerwehr! [ruːfn ziː diː ˈfɔyɐveːɐ̯] 102
Rufen Sie die Polizei! [ruːfn ziː diː poliˈtsai] 102
Rufen Sie einen Rettungswagen! [ruːfn ziː ainən ˈrɛtʊŋs-vaːgn̩] 102

S

Sahne, die [ˈzaːnə] 49
Sakko, der/das [ˈzako] 95
Salat, der [zaˈlaːt] 59
Salbe, die [ˈzalbə] 76
Salz, das [zalts] 55
salzig [ˈzaltsɪç] 58
Sämling, der [ˈzɛːmlɪŋ] 34
Sammelpunkt, der [ˈzaml̩pʊŋkt] 102
Samstag, der [ˈzamstaːk] 115
Sandale, die [zanˈdaːlə] 98
Sanduhr, die [ˈzantʔuːɐ] 87
Sandwich, das [ˈzɛntvɪtʃ] 56
Sanitäter, der [zaniˈtɛːtɐ] 100
Sattel, der [ˈzatl̩] 45
Scanner, der [ˈskɛnɐ] 61, 85
Schale, die [ˈʃaːlə] 54
schälen [ˈʃɛːlən] 52
Schäler, der [ˈʃɛːlɐ] 24
Schalotte, die [ʃaˈlɔtə] 50
Schalter, der [ˈʃaltɐ] 33, 104
Schalthebel, der [ˈʃaltheːbl̩] 41, 45
Schamgegend, die [ˈʃaːmgeːgn̩t] 64
Scheibe, die [ˈʃaibə] 56

Scheibenwischer, der ['ʃaibn̩vɪʃɐ] 39
Scheinwerfer, der ['ʃainvɛrfɐ] 40
Schere, die ['ʃe:rə] 81
Schichtarbeit, die ['ʃɪçtʔarbait] 80
Schiebegriff, der ['ʃi:bəgrɪf] 73
Schienbein, das ['ʃi:nbain] 64
Schilddrüse, die ['ʃɪltdry:zə] 68
Schlafcouch, die ['ʃla:fkautʃ] 19
Schlaftablette, die ['ʃla:ftablɛtə] 77
Schleifpapier, das ['ʃlaifpapi:ɐ̯] 30
Schleudertrauma, das ['ʃlɔydɐtrauma] 74
Schlüsselbrett, das ['ʃlʏsl̩brɛt] 19
Schmerzmittel, das ['ʃmɛrtsmɪtl̩] 77
Schmutzwäschekorb, der ['ʃmʊtsvɛʃəkɔrp] 28
Schnalle, die ['ʃnalə] 98
Schnee- oder Eisglätte, die ['ʃne: o:dɐ 'aisglɛtə] 38
Schneeanzug, der ['ʃne:ʔantsu:k] 94
Schneidebrett, das ['ʃnaidəbrɛt] 24
schneiden ['ʃnaidn̩] 52
Schnittwunde, die ['ʃnɪtvʊndə] 74
Schnitz, der [ʃnɪts] 54
Schnuller, der ['ʃnʊlɐ] 94
Schnupfen, der ['ʃnʊpfn̩] 72
Schnürschuh, der ['ʃny:ɐ̯ʃu:] 98
Schnürsenkel, der ['ʃny:ɐ̯zɛŋkl̩] 98
Schokoriegel, der ['ʃokori:gl̩] 58
Schornstein, der ['ʃɔrnʃtain] 18
Schraube, die ['ʃraubə] 30
Schraubenschlüssel, der ['ʃraubn̩ʃlʏsl̩] 30
Schraubenzieher, der ['ʃraubn̩tsi:ɐ] 30
Schriftart, die ['ʃrɪftart] 87
Schubkarre, die ['ʃu:pkarə] 34
Schublade, die ['ʃu:pla:də] 22
Schuhlöffel, der ['ʃu:lœfl̩] 19
Schulbus, der ['ʃu:lbʊs] 44
Schuld, die [ʃʊlt] 101
Schulranzen, der ['ʃu:lrantsn̩] 26
Schulter, die ['ʃʊltɐ] 64
Schulterblatt, das ['ʃʊltɐblat] 65
Schulterpolster, das ['ʃʊltɐpɔlstɐ] 96
Schürze, die ['ʃʏrtsə] 23
Schwager, der ['ʃva:gɐ] 10
Schwägerin, die ['ʃvɛ:gərɪn] 10
Schwamm, der [ʃvam] 29
schwanger ['ʃvaŋɐ] 69
Schwangerschaftstest, der ['ʃvaŋɐʃaftstɛst] 69
Schweinefleisch, das ['ʃvainəflaiʃ] 48
Schwester, die ['ʃvɛstɐ] 11
Schwiegermutter, die ['ʃvi:gɐmʊtɐ] 10
Schwiegersohn, der ['ʃvi:gɐzo:n] 10
Schwiegervater, der ['ʃvi:gɐfa:tɐ] 10
Schwimmweste, die ['ʃvɪmvɛstə] 102
Schwindel, der ['ʃvɪndl̩] 71
Scrollbalken, der ['scro:lbalkən] 87
scrollen ['scro:lən] 86
Scrollrad, das ['scro:lra:t] 84
sechs [zɛks] 106
sechs Uhr ['zɛks 'u:ɐ̯] 112
sechsfach ['zɛksfax] 110
sechste(r, s) ['zɛkstə] 108
sechzehn ['zɛçtse:n] 107
sechzehn Uhr ['zɛçtse:n 'u:ɐ̯] 113
sechzig ['zɛçtsɪç] 107
sechzigste(r, s) ['zɛçtsɪçstə] 109
Seife, die ['zaifə] 78
seine Stelle kündigen [zainə 'ʃtɛlə 'kʏndɪgn̩] 83
Seit gestern. [zait 'gɛstɐn] 113
Seit wann? [zait 'van] 113
Seitenfenster, das ['zaitn̩fɛnstɐ] 40
Seitenspiegel, der ['zaitn̩ʃpi:gl̩] 40, 41
Sekunde, die [ze'kʊndə] 112
Selbstbedienungskasse, die ['zɛlpstbədi:nʊŋskasə] 61
senden ['zɛndn̩] 88
Senf, der [zɛnf] 55
Serviette, die [zɛr'vi̯ɛtə] 59
Sessel, der ['zɛsl̩] 20
Shampoo, das ['ʃampu] 78
Shorts, die [ʃo:ɐ̯ts] 96
Sicherheitsgurt, der ['zɪçɐhaitsgʊrt] 41
Sicherung, die ['zɪçərʊŋ] 33
Sicherungskasten, der ['zɪçərʊŋskastn̩] 33
Sicherungskopie erstellen, eine ['zɪçərʊŋskopi: ɛɐ̯ʃtɛlən] 85
Sichtverpackung, die ['zɪçtfɛɐ̯pakʊŋ] 76
sieben ['zi:bn̩] 106
sieben Uhr ['zi:bn̩ 'u:ɐ̯] 112
siebeneinhalb [zi:bn̩ain'halp] 110
siebte(r, s) ['zi:ptə] 108
siebzehn ['zi:ptse:n] 107
siebzehn Uhr ['zi:ptse:n 'u:ɐ̯] 113
siebzig ['zi:ptsɪç] 107
siebzigste(r, s) ['zi:ptsɪçstə] 109
SIM-Karte, die ['zimkartə] 89
Sitzplatzreservierung, die ['zɪtsplatsrezɛrvi:rʊŋ] 46
Sitzung, die ['zɪtsʊŋ] 82
Slip, der [slɪp] 97
Slipeinlage, die ['slɪpʔainla:gə] 77
Smartphone, das ['sma:tfəʊn] 89
SMS, die [ɛsʔɛm'ɛs] 89
Social Media, die ['soʊʃəl 'mi:diɐ] 88
Söckchen, das ['zœkçən] 94
Socke, die ['zɔkə] 97
Sofa, das ['zo:fa] 20
Software, die ['sɔftvɛ:ɐ̯] 89
Sohle, die ['zo:lə] 98
Sohn, der [zo:n] 10
Sojasoße, die ['zo:jazo:sə] 55
Solarheizung, die [zo'la:ɐ̯haitsʊŋ] 33
Sommer, der ['zɔmɐ] 114
Sonderangebot, das ['zɔndɐʔangəbo:t] 61
Sonnenbrand, der ['zɔnənbrant] 74
Sonnenbrille, die ['zɔnənbrɪlə] 97
Sonnenhut, der ['zɔnənhu:t] 94
Sonnenschutzmittel, das ['zɔnənʃʊtsmɪtl̩] 77
Sonntag, der ['zɔnta:k] 115
Spachtel, der/die ['ʃpaxtl̩] 32
Spachtelmasse, die ['ʃpaxtl̩masə] 32
spachteln ['ʃpaxtl̩n] 32
Spammail, die ['spɛmme:l] 88
Sparkonto, das ['ʃpa:ɐ̯kɔnto] 104
Spaten, der ['ʃpa:tn̩] 34
Speiche, die ['ʃpaiçə] 45
speichern ['ʃpaiçɐn] 86
Spiegel, der ['ʃpi:gl̩] 20, 27
Spinat, der [ʃpi'na:t] 51
Sprechanlage, die ['ʃprɛçʔanla:gə] 16
Sprechstunde, die ['ʃprɛçʃtʊndə] 70
Spritze, die ['ʃprɪtsə] 76

Spritze bekommen, eine ['ʃprɪtsə bəkɔmən] 71
Spritze geben, jemandem eine [je:mandəm ainə 'ʃprɪtsə ge:bn̩] 71
Sprühflasche, die ['ʃpry:flaʃə] 29
Spülbecken, das ['ʃpy:lbɛkn̩] 22
Spülmaschine, die ['ʃpy:lmaʃi:nə] 22
Spülmittel, das ['ʃpy:lmɪtl̩] 29
Spülung, die ['ʃpy:lʊŋ] 78
Stäbchen, das ['ʃtɛ:pçən] 59
stabile Seitenlage, die [ʃta'bi:lə 'zaitn̩la:gə] 100
Standstreifen, der ['ʃtantʃtraifn̩] 37
Starthilfekabel, das ['ʃtarthɪlfəka:bl̩] 43
Stau, der [ʃtau] 37
Steckdose, die ['ʃtɛkdo:zə] 33
Stecker, der ['ʃtɛkɐ] 33
Stellenanzeige, die ['ʃtɛlən?antsaigə] 80
Stethoskop, das [ʃteto'sko:p] 70
Stiefbruder, der ['ʃti:fbru:dɐ] 13
Stiefelette, die [ʃti:fə'lɛtə] 96
Stiefmutter, die ['ʃti:fmʊtɐ] 13
Stiefschwester, die ['ʃti:fʃvɛstɐ] 13
Stiefvater, der ['ʃti:ffa:tɐ] 13
Stiftehalter, der ['ʃtɪftəhaltɐ] 81
stillen ['ʃtɪlən] 69
Stirn, die [ʃtɪrn] 67
Stoffwindel, die ['ʃtɔfvɪndl̩] 94
Stoßstange, die ['ʃto:sʃtaŋə] 39
Straftat, die ['ʃtra:fta:t] 101
Strampler, der ['ʃtramplɐ] 94
Straßenbahn, die ['ʃtra:sn̩ba:n] 46
Straßenlaterne, die ['ʃtra:sn̩latɛrnə] 36
Strichcode, der ['ʃtrɪçko:t] 61
Strickjacke, die ['ʃtrɪkjakə] 96
Stromkabel, das ['ʃtro:mka:bl̩] 84
Stromzähler, der ['ʃtro:mtsɛ:lɐ] 33
Strumpfhose, die ['ʃtrʊmpfho:zə] 97
Stuhl, der [ʃtu:l] 21
Stunde, die ['ʃtʊndə] 112
subtrahieren [zʊptra'hi:rən] 111
suchen ['zu:xn̩] 86
Suchmannschaft, die ['zu:xmanʃaft] 102
Suppe, die ['zʊpə] 59
Suppenlöffel, der ['zʊpn̩lœfl̩] 59
Surfstick, der ['zø:ɐ̯fstɪk] 89
Sushi, das ['su:ʃi] 58
süß [zy:s] 58
Süßkartoffel, die ['zy:skartɔfl̩] 50
Symptom, das [zʏmp'to:m] 77

T

Tablet-Computer, der ['tɛblɛtkɔmpju:tɐ] 89
Tablett, das [ta'blɛt] 24
Tablette, die [ta'blɛtə] 76
Tacker, der ['takɐ] 81
Taco, der ['tako] 58
Tag, der [ta:k] 115
Tagesordnung, die ['ta:gəs?ɔrdnʊŋ] 82
Taille, die ['taljə] 65
Tampon, der ['tampɔn] 77
tanken ['taŋkn̩] 42
Tante, die ['tantə] 11
Tapete entfernen, die [ta'pe:tə ɛntfɛrnən] 32
Tapetenrolle, die [ta'pe:tn̩rɔlə] 32
tapezieren [tape'tsi:rən] 32
Tapeziertisch, der [tape'tsi:ɐ̯tɪʃ] 32
Taschendiebstahl, der ['taʃn̩di:pʃta:l] 101
Taschenmesser, das ['taʃn̩mɛsɐ] 31
Taschenrechner, der ['taʃn̩rɛçnɐ] 111
Taskleiste, die ['ta:sklaistə] 87
Tastatur, die [tasta'tu:ɐ̯] 84
Tastenfeld, das ['tastn̩fɛlt] 90, 104
tausend ['tauzn̩t] 107
tausendste(r, s) ['tauzn̩tstə] 109
Teamleiter, der ['ti:mlaitɐ] 82
Teebeutel, der ['te:bɔytl̩] 57
Teeblätter, die ['te:blɛtɐ] 57
Teilnehmer, der ['tailne:mɐ] 82
Teilzeit, die ['tailtsait] 80
Telefonhörer, der [te:le'fo:nhø:rɐ] 90
Tellerlinse, die ['tɛlɐlɪnzə] 52
Teppich, der ['tɛpɪç] 25
Teppichboden, der ['tɛpɪçbo:dn̩] 20
Teppichmesser, das ['tɛpɪçmɛsɐ] 30
Termin, der [tɛr'mi:n] 70
Terrasse, die [tɛ'rasə] 18
Tesafilm®, der ['te:zafɪlm] 81
Textmarker, der ['tɛkstma:rkɐ] 81
Tiefkühlkost, die ['ti:fky:lkɔst] 62
Tintenpatrone, die ['tɪntənpatro:nə] 85
Tintenstrahldrucker, der ['tɪntənʃtra:ldrʊkɐ] 85
tippen ['tɪpən] 85
Tischdecke , die ['tɪʃdɛkə] 59
Tischdekoration, die ['tɪʃdekoratsi̯o:n] 21
Tischläufer, der ['tɪʃlɔyfɐ] 21
Toaster, der ['to:stɐ] 23
Tochter, die ['tɔxtɐ] 10
Toilette, die [twa'lɛtə] 27
Toilettenpapier, das [twa'lɛtn̩papi:ɐ̯] 27
Tomate, die [to'ma:tə] 52
Tonerkartusche, die ['to:nɐkartʊʃə] 85
Töpfchen, das ['tœpfçən] 26
Topfhandschuh, der ['tɔpfhantʃu:] 24
Tortendiagramm, das ['tɔrtn̩diagram] 82
Tortilla, die [tɔr'tɪlja] 56
Touchscreen, der ['tatʃskri:n] 89
Trage, die ['tra:gə] 100
Trägertop, das ['trɛ:gɐtɔp] 96
Trekkingsandale, die ['trɛkɪŋzanda:lə] 98
Treppenhaus, das ['trɛpn̩haus] 17
Tropfen, die ['trɔpfn̩] 76
Tschüss! [tʃy:s] 14
T-Shirt, das ['ti:ʃø:ɐ̯t] 95
Tunfisch, der ['tu:nfɪʃ] 48
Tunnel, der ['tʊnl̩] 36
Türgriff, der ['ty:ɐ̯grɪf] 40
Türklingel, die ['ty:ɐ̯klɪŋl̩] 16
Turnschuh, der ['tʊrnʃu:] 98
Türschloss, das ['ty:ɐ̯ʃlɔs] 16
Türschwelle, die ['ty:ɐ̯ʃvɛlə] 18

U

U-Bahn, die ['u:ba:n] 46
Übelkeit, die ['y:bl̩kait] 71
Überfall, der ['y:bɐfal] 101
Überführung, die [y:bɐ'fy:rʊŋ] 37
Überholspur, die [y:bɐ'ho:lʃpu:ɐ̯] 37
übermorgen ['y:bɐmɔrgn̩] 114
Überweisung, die [y:bɐ'vaizʊŋ] 70
Überweisungsschein, der [y:bɐ'vaizʊŋsʃain] 105

Ultraschallaufnahme, die ['ʊltraʃalʔaufna:mə] 69
Ultraschalluntersuchung, die ['ʊltraʃalʔʊntɐzu:xʊŋ] 69
um eine Stelle bewerben, sich [ʊm ainə 'ʃtɛlə bə'vɛrbn̩] 80
Um sieben Uhr. [ʊm 'zi:bn̩ 'u:ɐ̯] 112
Um wie viel Uhr? [ʊm 'vi: fi:l 'u:ɐ̯] 112
umarmen , sich [ʊm'ʔarmən] 13
Umbau, der ['ʊmbau] 16
umsteigen ['ʊmʃtaign̩] 46
Unfallopfer, das ['ʊnfalʔɔpfɐ] 100
Unkraut jäten ['ʊnkraut jɛ:tn̩] 34
Unkrautvernichter, der ['ʊnkrautfɛɐ̯nɪçtɐ] 34
Unterführung, die [ʊntɐ'fy:rʊŋ] 37
Unterhose, die ['ʊntɐho:zə] 95
Unze, die ['ʊntsə] 116
USB-Schnittstelle, die [u:ʔɛs'be:ʃnɪtʃtɛlə] 84
USB-Stick, der [u:ʔɛs'be:stɪk] 85

V

Vater, der [fa:tɐ] 11
vegan [ve'ga:n] 60
vegetarisch [vege'ta:rɪʃ] 60
Ventilator, der [vɛnti'la:to:ɐ̯] 20, 42
verabschieden, sich [fɛɐ̯'ʔapʃi:dn̩] 14
Verband, der [fɛɐ̯'bant] 75
Verbandschere, die [fɛɐ̯'bantʃe:rə] 75
Verbandszeug, das [fɛɐ̯'bantstsɔyk] 75
verbeugen, sich [fɛɐ̯'bɔygn̩] 13
verbleit [fɛɐ̯'blait] 42
Verbrennung, die [fɛɐ̯'brɛnʊŋ] 74
verdienen [fɛɐ̯'di:nən] 83
Verdünnungsmittel, das [fɛɐ̯'dʏnʊŋsmɪtl̩] 32
Verfallsdatum, das [fɛɐ̯'falsda:tʊm] 77
Vergewaltigung, die [fɛɐgə'valtɪgʊŋ] 101
verheiratet [fɛɐ̯'haira:tɛt] 12
Verkehrsunfall, der [fɛɐ̯'ke:ɐ̯sʔʊnfal] 43
Verlängerungskabel, das [fɛɐ̯'lɛŋerʊŋska:bl̩] 33
vermehren [fɛɐ̯'me:rən] 34
vermieten [fɛɐ̯'mi:tn̩] 17
Vermieter, der [fɛɐ̯'mi:tɐ] 17
Vermieterin, die [fɛɐ̯'mi:terin] 17
Vermisste, der/die [fɛɐ'mɪstə] 102
verputzen [fɛɐ̯'pʊtsn̩] 32
versandkostenfrei [fɛɐ'zantkɔstn̩frai] 92
Verschlüsselung, die [fɛɐ̯'ʃlʏsəlʊŋ] 88
Versiegelungsmittel, das [fɛɐ̯'zi:glʊŋsmɪtl̩] 32
Verspätung, die [fɛɐ̯'ʃpɛ:tʊŋ] 46
Vertretung, die [fɛɐ̯'tre:tʊŋ] 83
verwandt [fɛɐ̯'vant] 12
Verwandte, der/die [fɛɐ̯'vantə] 12
verwitwet [fɛɐ̯'vɪtvət] 12
viele ['fi:lə] 111
vielfach ['fi:lfax] 110
vier [fi:ɐ̯] 106
vier Uhr ['fi:ɐ̯ 'u:ɐ̯] 112
vierfach ['fi:ɐ̯fax] 110
viermal ['fi:ɐ̯ma:l] 110
vierte(r, s) ['fi:ɐ̯tə] 108
Viertel, ein ['fɪrtl̩] 110
Viertel nach neun ['fɪrtl̩ na:x 'nɔyn] 113
Viertel vor zwölf ['fɪrtl̩ fɔɐ̯ 'tsvœlf] 113
vierzehn ['fɪrtse:n] 107
vierzehn Uhr ['fɪrtse:n 'u:ɐ̯] 113
vierzehnte(r, s) ['fɪrtse:ntə] 108
vierzig ['fɪrtsɪç] 107
vierzigste(r, s) ['fɪrtsɪçstə] 109
Virus, das ['vi:rʊs] 71
Vitrine, die [vi'tri:nə] 19, 21
Vollkornbrot, das ['fɔlkɔrnbro:t] 56
Vollzeit, die ['fɔltsait] 80
vor Nässe schützen [fɔɐ̯ 'nɛsə 'ʃʏtsn̩] 92
Vor/in zehn Minuten. [fɔɐ̯/ɪn 'tse:n mi'nu:tn̩] 113
Vorderrad, das ['fɔrdera:t] 45
Vorfahrt, die ['fɔɐ̯fa:ɐ̯t] 37
Vorfahrt gewähren! ['fɔɐ̯fa:ɐ̯t gə'vɛ:rən] 38
vorgestern ['fɔɐ̯gɛstɐn] 114
Vorhang, der ['fo:ɐ̯haŋ] 20
vorletzte(r, s) ['fɔɐ̯lɛtstə] 109
vorstellen, jemanden [je:mandn̩ 'fɔɐ̯ʃtɛlən] 13

W

Waage, die ['va:gə] 92
Wade, die ['va:də] 65
wählen ['vɛ:lən] 90
Währung, die ['vɛ:rʊŋ] 105
Wanderstiefel, der ['vandɐʃti:fl̩] 98
Wanduhr, die ['vantʔu:ɐ̯] 19
Wange, die ['vaŋə] 67
Wann? [van] 113
Ware, die ['va:rə] 61
Warenregal, das ['va:rənrega:l] 61
Warentransportband, das [va:rəntrans'pɔrtbant] 61
Wartehäuschen, das ['vartəhɔysçən] 44
Wartezimmer, das ['vartətsɪmɐ] 70
Waschbecken, das ['vaʃbɛkn̩] 27
Wäsche schleudern, die ['vɛʃə ʃlɔydɐn] 28
Wäsche waschen, die ['vɛʃə vaʃn̩] 28
Wäsche zum Trocknen aufhängen, die [vɛʃə tsʊm 'trɔknən aufhɛŋən] 28
Wäscheklammer, die ['vɛʃəklamɐ] 28
Wäscheleine, die ['vɛʃəlainə] 28
Wäscheständer, der ['vɛʃəʃtɛndɐ] 28
Wäschetrockner, der ['vɛʃətrɔknɐ] 28
Waschmaschine, die ['vaʃmaʃi:nə] 28
Waschmaschine füllen, die ['vaʃmaʃi:nə fʏlən] 28
Waschpulver, das ['vaʃpʊlvɐ] 28
Wasser, das ['vasɐ] 57
Wasserglas, das ['vasɐgla:s] 59
Wasserhahn, der ['vasɐha:n] 27
Wasserkocher, der ['vasɐkɔxɐ] 23
Wassermelone, die ['vasɐmelo:nə] 54
Wasserwaage, die ['vasɐva:gə] 30
WC-Reiniger, der [ve:'tse: rainɪgɐ] 29
Webcam, die ['wɛbkɛm] 84
Wechselstube, die ['vɛksl̩ʃtu:bə] 105
Wegwerfwindel, die ['vɛkvɛrfvɪndl̩] 94
Wehen, die ['ve:ən] 69
Weichspüler, der ['vaiçʃpy:lɐ] 28
weinen ['vainən] 14
Weinglas, das ['vaingla:s] 59

Weintraube, die
['vaintraubə] 53
Weißbrot, das
['vaisbro:t] 56
Weißkohl, der ['vaisko:l] 51
Weißwein, der ['vaisvain] 57
Weizenmehl, das
['vaitsn̩me:l] 56
Welches Datum haben wir heute?
[vɛlçəs 'da:tʊm ha:bn̩ vi:ɐ̯ 'hɔytə] 114
Wenden verboten
['vɛndn̩ fɛɐ̯'bo:tn̩] 38
wenige ['ve:nɪgə] 111
Werkzeugkasten, der
['vɛrktsɔykkastn̩] 32
Wickeltasche, die
['vɪkl̩taʃə] 26
Wie heißen Sie?
[vi: 'haisn zi:] 14
Wie heißt du?
[vi: 'haist du:] 14
Wie ist der aktuelle Wechselkurs? ['vi: ɪst de:ɐ̯ aktu̯ɛlə 'vɛksl̩kʊrs] 105
Wie viel Uhr ist es?
[vi: fi:l 'u:ɐ̯ ɪst ɛs] 112
wiederherstellen
[vi:de'hɛrʃtɛlən] 87
Wimper, die ['vɪmpɐ] 67
Windschutzscheibe, die
['vɪntʃʊtsʃaibə] 39
winken ['vɪŋkn] 14
Winter, der ['vɪntɐ] 114
Wirsing, der ['vɪrzɪŋ] 51
Wischmopp, der ['vɪʃmɔp] 29
WLAN, das ['ve:lan] 88
Woche, die ['vɔxə] 115
Wochenende, das
['vɔxn̩ʔɛndə] 115
Wochentag, der
['vɔxn̩ta:k] 115
Wok, der [vɔk] 24
Wunde, die ['vʊndə] 74
Wurmfortsatz, der
['vʊrmfɔrtzats] 68

Z

Zahn, der [tsa:n] 67
Zahnpasta, die
['tsa:npasta] 78
Zapfsäule, die
['tsapfzɔylə] 42
Zapfschlauch, der
['tsapfʃlaux] 42
Zebrastreifen, der
['tse:braʃtraifn] 36
zehn [tse:n] 106
zehnmillionste(r, s)
['tse:nmɪli̯o:nstə] 109
zehntausend
['tse:ntauzn̩t] 107
zehntausendste(r, s)
['tse:ntauzn̩tstə] 109
zehnte(r, s) ['tse:ntə] 108
Zeigefinger, der
['tsaigəfɪŋɐ] 66
Zentimeter, der/das
[tsɛnti'me:tɐ] 116
Zentralheizung, die
[tsɛn'tra:lhaitsʊŋ] 33
zerbrechlich
[tsɛɐ̯'brɛçlɪç] 92
Zimmerpflanze, die
['tsɪmɐpflantsə] 21
Zinssatz, der ['tsɪnszats] 104
Zitrone, die [tsi'tro:nə] 54
Zoll, der [tsɔl] 116
zu verkaufen
[tsu: fɛɐ̯'kaufn̩] 16
Zucchini, die [tsʊ'ki:ni:] 52
züchten ['tsʏçtn̩] 34
Zucker, der ['tsʊkɐ] 60
zuckerfrei ['tsʊkɐfrai] 60
Zuckermelone, die
['tsʊkɐmelo:nə] 54
Zug, der ['tsu:k] 46
zurückschneiden
[tsu'rʏkʃnaidn̩] 34
zwanzig ['tsvantsɪç] 107
zwanzigste(r, s)
['tsvantsɪçstə] 108
zwanzigtausend
['tsvantsɪçtauzn̩t] 107
zwei [tsvai] 106
zwei Fünftel [tsvai 'fʏnftl̩] 110
zwei Siebzehntel
[tsvai 'zi:ptse:ntl̩] 110
zwei Uhr ['tsvai 'u:ɐ̯] 112
zweifach ['tsvaifax] 110
zweihunderterste(r, s)
[tsvaihʊndɐt'ʔe:ɐ̯stə] 109
zweihundertfünfundzwanzigste (r, s) [tsvaihʊndɐtfʏnfʔʊnt-'tsvantsɪçstə] 109
zweihundertzweiundzwanzig
['tsvaihʊndɐttsvaiʔʊnt-tsvantsɪç] 107
zweimal ['tsvaima:l] 110
zweite(r, s) ['tsvaitə] 108
zweiundzwanzig
['tsvaiʔʊnttsvantsɪç] 107
zweiundzwanzigste(r, s)
['tsvaiʔʊnttsvantsɪçstə] 108
Zwiebel, die ['tsvi:bl̩] 50
Zwillinge, die ['tsvɪlɪŋə] 12
zwölf [tsvœlf] 107
zwölf Uhr mittags
['tsvœlf 'u:ɐ̯ 'mɪta:ks] 112
zwölfte(r, s) ['tsvœlftə] 108

BILDNACHWEIS

*= © Fotolia.com

9 istockphoto/andresr, **10** */Alexander Raths, **10** */Jeanette Dietl, **10** */Forgiss, **10** */paulmz, **10** */fotodesign-jegg.de, **10** */mimagephotos, **10** */Syda Productions, **10** */iko, **10** */Jeanette Dietl, **10** */drubig-photo, **10** */oocoskun, **11** */damato, **11** */vbaleha, **11** */Rido, **11** */Ljupco Smokovski, **11** */Jeanette Dietl, **11** */Janina Dierks, **11** */Valua Vitaly, **11** */Rido, **11** */Andres Rodriguez, **11** */Syda Productions, **11** */Valua Vitaly, **12** */Dmitry Lobanov, **12** */Samuel Borges, **12** */DenisNata, **12** */Pavel Losevsky, **12** */WONG SZE FEI, **12** */vgstudio, **12** */Ariwasabi, **13** */Gabriel Blaj, **13** */endostock, **13** */mma23, **13** */Jasmin Merdan, **13** */Tom Wang, **13** */JanMika, **13** */Picture-Factory, **14** */BeTa-Artworks, **14** */michaeljung, **14** */Savannah1969, **14** */patpitchaya, **14** */Sabphoto, **14** */Cello Armstrong, **14** */eyetronic, **14** */Danilo Rizzuti, **14** */Ruth Black, **15** istockphoto/tab1962, **16** */JSB, **16** */Tiberius Gracchus, **16** */visivasnc, **16** */Lasse Kristensen, **16** */Speedfighter, **16** */Bokicbo, **16** */typomaniac, **16** */O.M., **16** */designsstock, **17** */Kurhan, **17** */Brilliant Eagle, **17** */Iriana Shiyan, **17** */terex, **17** */Sashkin, **17** */pyzata, **17** */Igor Kovalchuk, **17** */Maksym Yemelyanov, **17** */pabijan, **18** */Magda Fischer, **19** */Bert Folsom, **19** */Aleksandar Jocic, **19** */yevgenromanenko, **19** */Aleksandr Ugorenkov, **19** */luchshen, **19** */sokrub, **19** */sokrub, **19** */okinawakasawa, **19** */Delphimages, **19** */arteferretto, **19** */Kitch Bain, **19** */Chris Brignell, **20** */Iriana Shiyan, **21** */pics721, **22** */stock_for_free, **23** */mrgarry, **23** */mariocigic, **23** Thinkstock/Hemera, **23** */Denis Gladkiy, **23** */Sergii Moscaliuk, **23** */okinawakasawa, **23** */Alexander Morozov, **23** */kmiragaya, **23** */Alexander Morozov, **23** */Nikola Bilic, **23** */Alona Dudaieva, **23** */Piotr Pawinski, **24** */Kitch Bain, **24** */pholien, **24** */cretolamna, **24** */Harald Biebel, **24** */M.R. Swadzba, **24** */IrisArt, **24** */cretolamna, **24** */picsfive, **24** */Schwoab, **24** */cretolamna, **24** */Stefan Balk, **24** */karandaev, **25** */2mmedia, **26** */simmittorok, **26** */Liliia Rudchenko, **26** */venusangel, **26** */Ljupco Smokovski, **26** */Maksim Kostenko, **26** Thinkstock/Stockbyte, **26** */Xuejun li, **26** */Ljupco Smokovski, **26** */Coprid, **26** */Yingko, **26** Thinkstock/NikolayK, **26** */srdjan111, **27** */adpePhoto, **27** */Africa Studio, **27** */Tiler84, **27** */NilsZ, **27** */Coprid, **28** */Sashkin, **28** */Creatix, **28** */Katrina Brown, **28** */Ljupco Smokovski, **29** */Okea, **30** */kmit, **30** */claudio, **30** */tuja66, **30** */corund, **30** */mick20, **30** */Denis Dryashkin, **30** */tuja66, **30** */CE Photography, **30** */tuja66, **30** */Бурдюков Андрей, **30** */vav63, **31** */Rynio Productions, **31** */Rynio Productions, **31** */scis65, **31** */Coprid, **31** */f9photos, **31** */Freer, **32** */Africa Studio, **32** */ankiro, **32** */Ionescu Bogdan, **32** */Denys Rudyi, **32** */tuja66, **33** */Nomad_Soul, **33** */twister025, **33** */egorovvasily, **33** */womue, **33** Thinkstock/iStockphoto, **33** Thinkstock/iStockphoto, **33** */by-studio, **33** */cherezoff, **34** */Zbyszek Nowak, **34** */opasstudio, **34** */photka, **34** */photka, **34** */Gerald Bernard, **34** */steamroller, **34** */Kasia Bialasiewicz, **34** */mopsgrafik, **34** */fotoschab, **35** istockphoto/JLFCapture, **36** Thinkstock/Keith Levit Photography, **36** Thinkstock/iStockphoto, **36** Thinkstock/iStockphoto, **36** Thinkstock/iStockphoto, **36** Thinkstock/iStockphoto, **37** Thinkstock/Fuse, **37** */Alexandra Gl, **38** */leremy, **38** */leremy, **38** */leremy, **38** */leremy, **38** */leremy, **38** */mrtimmi, **38** */mrtimmi, **38** */mrtimmi, **38** */Bobo, **38** */leremy, **38** */leremy, **38** */FelixCHH, **39** */Vladimir Kramin, **40** */algre, **41** Thinkstock/iStockphoto, **41** */Michael Seidel, **42** Thinkstock/iStockphoto, **42** */Lasse Kristensen, **43** Thinkstock/Stockbyte, **44** Thinkstock/iStockphoto, **44** Thinkstock/iStockphoto, **44** Thinkstock/iStockphoto, **44** Thinkstock/iStockphoto, **44** */Bikeworldtravel, **45** Thinkstock/iStockphoto, **45** Thinkstock/iStockphoto, **46** */Fotito, **46** */tr3gi, **47** istockphoto/monticelllo, **48** */unpict, **48** */Teamarbeit, **48** Dreamstime/Christian Jung, **48** */ExQuisine, **48** */Rémy MASSEGLIA, **48** */lunamarina, **48** */Witold Krasowski, **48** */Dionisvera, **48** */angorius, **48** */Dani Vincek, **48** */felinda, **48** */pedrolieb, **49** */ExQuisine, **49** */volff, **49** Shutterstock/shutterstock.com/Multiart, **50** */valeriy555, **50** */valeriy555, **50** */Barbara Pheby, **50** */volga1971, **50** Dreamstime/Robynmac - Dreamstime.com, **50** */Anna Kucherova, **51** */jerome signoret, **51** */boguslaw, **51** */World travel images, **51** */margo555, **51** */Wolfgang Jargstorff, **52** */valeriy555, **52** */silencefoto, **52** */valeriy555, **52** */valeriy555, **52** */photocrew, **52** */valeriy555, **52** */valeriy555, **52** */Zbyszek Nowak, **52** */Andrey Starostin, **53** */azureus70, **53** */valeriy555, **53** */valeriy555, **53** */valeriy555, **53** */valeriy555, **53** */valeriy555, **53** */valeriy555, **53** */valeriy555, **53** */valeriy555, **54** */valeriy555, **54** Dreamstime/ Skyper1975, **54** */Werner Fellner, **54** */marilyn barbone, **55** Dreamstime/Sergioz, **55** */Africa Studio, **55** */Inga Nielsen, **55** */Inga Nielsen, **55** */Inga Nielsen, **55** */Boris Ryzhkov, **56** Dreamstime/Jirkaejc, **56** */Sergejs Rahunoks, **56** Dreamstime/Givaga, **56** */the_pixel, **56** */Liaurinko, **56** */midosemsem, **56** */Jiri Hera, **56** */juri semjonow, **56** */Brad Pict, **56** */Julian Weber, **56** */Olegich, **56** */komar.maria, **57** */Jiri Hera, **57** */Nitr, **57** */Nitr, **57** */pabijan, **57** */Fotofermer, **57** */gtranquillity, **57** */gtranquillity, **57** */Nitr, **57** */Taffi - Fotolia.cfom, **57** */Taffi, **58** */Jiri Hera, **58** */Liaurinko, **58** */Dmytro Sukharevskyy, **58** */Dmytro Sukharevskyy, **58** */Dmytro Sukharevskyy, **58** */uckyo, **58** */torsakarin, **58** */Thibault Renard, **58** */Dmytro Sukharevskyy, **59** */Jack Jelly, **59** */aktifreklam, **59** */Jacek Chabraszewski, **59** iStockphoto/Gordana Sermek, **59** */Africa Studio, **60** */ashka2000, **60** */womue, **60** */reineg, **60** */reineg, **60** */reineg, **60** */reineg, **60** */Subbotina Anna, **60** */rangizzz, **60** */sjhuls, **61** */Minerva Studio, **61** */eyetronic, **61** */AlienCat, **61** */Thomas Francois, **61** */ag visuell, **62** */Art Allianz, **62** */adisa, **62** */Pumba, **62** */adisa,

62 */Vitaly Maksimchuk, **62** Thinkstock/iStockphoto, **62** */amlet, **62** Thinkstock/ Brand X Pictures, **62** */Joshhh, **62** */808isgreat, **62** Thinkstock/ iStockphoto, **62** */Andres Rodriguez, **63** thinkstock/zf, **64** */CLIPAREA.com, **65***/CLIPAREA.com, **66** Thinkstock/Zoonar, **66** Thinkstock/Hemera @ Getty Images, **67** */Valua Vitaly, **68** */pixelcaos, **69** */Lsantilli, **69** */Sven Bähren, **69** */Tyler Olson, **69** */GordonGrand, **69** */iStockphoto, **69** Thinkstock/oksun70, **69** */Robert Angermayr, **70** */Alexander Raths, **70** */Creativa, **70** */ISO K° - photography, **70** */Sashkin, **71** */Monkey Business, **71** */dalaprod, **71** */drubig-photo, **71** */drubig-photo, **72** */Africa Studio, **72** */iko, **72** */DoraZett, **72** */Creativa, **72** */Gina Sanders, **72** */Subbotina Anna, **72** */drubig-photo, **72** */Ocskay Bence, **72** */detailblick, **72** */Kurhan, **72** */smikeymikey1, **72** */Dmitry Lobanov, **73** Thinkstock/iStockphoto, **73** */Guido Grochowski, **73** */Dmitry Vereshchagin, **73** */treetstreet, **73** */Peter Atkins, **73** */Bandika, **73** */wckiw, **74** */Igor Mojzes, **74** */st-fotograf, **74** */Vidady, **74** Thinkstock/iStockphoto, **74** Thinkstock/iStockphoto, **74** */Gelpi, **74** */Volker Witt, **74** */apops, **74** */juefraphoto, **75** */Michael Schütze, **75** */ brozova, **75** */Rodja, **75** Thinkstock/iStockphoto, **75** */cristi180884, **76** */Africa Studio, **76** */Africa Studio, **76** */Coprid, **76** */Anatoly Repin, **76** */adisa, **76** */Manuel Schäfer, **77** */seen, **77** */only4denn, **77** */Coprid, **77** */blondina93, **77** */by-studio, **77** */Jiri Hera, **77** */Johanna Goodyear, **77** */Tharakorn, **77** */terex, **78** */wiedzma, **78** */kontur-vid, **78** */picsfive, **78** */pattarastock, **78** */NilsZ, **78** */picsfive, **78** */picsfive, **78** */ksena32, **78** */cristi180884, **78** */nito, **78** */Tarzhanova, **78** */bpstocks, **79** istockphoto/pixdeluxe, **80** */contrastwerkstatt, **80** */A_Bruno, **81** */Africa Studio, **81** */Diana Taliun, **81** */Rulan, **81** */interklicks, **81** Thinkstock/iStockphoto, **82** */Picture-Factory, **82** */Carlos Caetano, **82** */vda_82, **82** */vetkit, **82** */Jacek Fulawka, **83** */Viorel Sima, **83** */Brian Jackson, **84** */TAlex, **84** */Maksym Yemelyanov, **84** */Vitas, **84** Thinkstock/iStockphoto, **84** */Artur Synenko, **85** */dimakp, **85** */heigri, **85** */Lusoimages, **85** */Apart Foto, **85** */sonne fleckl, **85** */Manuela Fiebig, **85** */Klaus Eppele, **85** */Artur Synenko, **85** */Gina Sanders, **86** */snyfer, **86** */snyfer, **86** */Iurii Timashov, **86** */Iurii Timashov, **86** */Iurii Timashov, **86** */Iurii Timashov, **86** */Iurii Timashov, **86** */Iurii Timashov, **86** */WonderfulPixel, **86** */Iurii Timashov, **86** */Iurii Timashov, **86** */Iurii Timashov, **87** */WonderfulPixel, **87** */WonderfulPixel, **87** */WonderfulPixel, **87** */WonderfulPixel, **87** */vasabii, **87** */grgroup, **87** */ vector_master, **87** */Vectorhouses, **87** */Vectorhouses, **88** */Metin Tolun, **88** */Do Ra, **88** */Do Ra, **88** */Do Ra, **88** */Do Ra, **88** */Do Ra, **88** */Palsur, **88** */marog-pixcells, **88** */Palsur, **89** */inal09, **89** */mtkang, **89** */by-studio, **89** */Scanrail, **89** */RTimages, **89** */Coprid, **89** */Palsur, **89** */Andrew Barker, **90** */ashumskiy, **90** */Vitas, **90** */singkham, **91** */Scanrail, **91** */Dron, **92** Thinkstock/iStockphoto, **92** */gradt, **92** */JiSIGN, **92** */JiSIGN, **92** */JiSIGN, **93** istockphoto/kgtoh, **94** */boumenjapet, **94** */Vera Anistratenko, **94** */carol_anne, **94** */Andrey Armyagov, **94** */Pamela Uyttendaele, **94** */Zbyszek Nowak, **94** */Michaela Pucher, **94** */Katrina Brown, **95** */Karramba Production, **95** */BEAUTYofLIFE, **95** */Khvost, **95** */Khvost, **95** */Elnur, **95** */Gordana Sermek, **95** */Alexandra Karamyshev, **96** */mimagephotos, **96** */Alexandra Karamyshev, **96** */ludmilafoto, **96** */okinawakasawa, **96** Thinkstock/Alexandru Chiriac, **96** */cedrov, **96** */Khvost, **97** */Elnur, **97** */Elnur, **97** */Ruslan Kudrin, **97** */Alexandra Karamyshev, **97** */Robert Lehmann, **97** */Liaurinko, **97** */rangizzz, **97** */Jiri Hera, **97** */Andrew Buckin, **98** */adisa, **98** */PRILL Mediendesign, **98** */Africa Studio, **98** */adisa, **98** */humbak, **98** */Jiri Hera, **98** */Andre Plath, **98** */Alexander Raths, **98** */thaikrit, **99** istockphoto/roibu, **100** */CandyBox Images, **100** */Roman Milert, **100** */Volker Witt, **100** */ AK-DigiArt, **100** */Dario Lo Presti, **101** Thinkstock/Photodisc, **101** */Lukas Sembera, **101** */koszivu, **101** */Photographee.eu, **101** */Monkey Business, **101** */Photographee.eu, **101** */Gerhard Seybert, **102** */ PictureArt, **102** */ Arcady, **102** */playstuff, **102** */beermedia, **102** */Igor Kovalchuk, **102** */Fiedels, **102** */Birgit Reitz-Hofmann, **102** */Claudio Divizia, **102** */Kalle Kolodziej, **103** istockphoto/RBFried, **104** */qech, **104** */contrastwerkstatt, **104** */Santiago Cornejo, **105** */eyewave, **105** */jogyx, **105** */Joop Hoek, **105** */T. Michel, **105** Thinkstock/iStockphoto, **105** Thinkstock/photodisc (Keith Brofsky), **105** */LVDESIGN, **105** */lowtech24, **105** Thinkstock/ iStockphoto, **106** */DDRockstar, **106** */Denys Prykhodov, **106** */Denys Prykhodov, **106** */Denys Prykhodov, **106** */Denys Prykhodov, **106** */Denys Prykhodov, **106** */Denys Prykhodov, **106** */Africa Studio, **106** */Africa Studio, **106** */Africa Studio, **106** */DB, **111** */robert, **112** */magann, **112** */magann, **112** */magann, **112** */magann, **112** */magann, **112** */magann, **112** */magann, **112** */magann, **112** */magann, **113** */magann, **113** */magann, **113** */magann, **113** */magann, **113** */magann, **113** */magann, **113** */magann, **113** */vvoe, **113** */Lucky Dragon, **114** */tomreichner, **114** */in-foto-backgrounds, **114** */Reicher, **114** */ARochau, **114** */Beboy, **114** */Dmytro Smaglov, **114** */Anton Gvozdikov, **114** */sborisov, **114** */Netzer Johannes, **115** */Maria Vazquez, **116** */m.u.ozmen, **116** */hayo, **116** */lucato, **116** */www.strubhamburg.de.

Das „*Bildwörterbuch – 1.500 nützliche Wörter für den Alltag*“ finden Sie in den folgenden Sprachen:

Arabisch	ISBN: 978-3-12-516012-5
Bulgarisch	ISBN: 978-3-12-516055-2
Deutsch als Fremdsprache	ISBN: 978-3-12-516002-6
Deutsch als Fremdsprache – Ausgangssprache	
Arabisch	ISBN: 978-3-12-516040-8
Englisch	ISBN: 978-3-12-516003-3
Französisch	ISBN: 978-3-12-516004-0
Griechisch	ISBN: 978-3-12-516057-6
Italienisch	ISBN: 978-3-12-516006-4
Japanisch	ISBN: 978-3-12-516058-3
Kroatisch	ISBN: 978-3-12-516060-6
Niederländisch	ISBN: 978-3-12-516059-0
Paschto	ISBN: 978-3-12-516056-9
Persisch	ISBN: 978-3-12-516042-2
Polnisch	ISBN: 978-3-12-516007-1
Portugiesisch	ISBN: 978-3-12-516013-2
Rumänisch	ISBN: 978-3-12-516014-9
Russisch	ISBN: 978-3-12-516008-8
Schwedisch	ISBN: 978-3-12-516061-3
Spanisch	ISBN: 978-3-12-516005-7
Türkisch	ISBN: 978-3-12-516009-5
Ungarisch	ISBN: 978-3-12-516062-0

je 4,99 € **[D, A]**

Bildwörterbuch
1.500 nützliche Wörter für den Alltag
PONS
FRANZÖSISCH
DEUTSCH
FRANÇAIS
ALLEMAND

Bildwörterbuch
1.500 nützliche Wörter für den Alltag
PONS
GRIECHISCH
DEUTSCH
ΕΛΛΗΝΙΚΑ
ΓΕΡΜΑΝΙΚΑ

Bildwörterbuch
1.500 nützliche Wörter für den Alltag
PONS
ITALIENISCH
DEUTSCH
ITALIANO
TEDESCO

Bildwörterbuch
1.500 nützliche Wörter für den Alltag
PONS
JAPANISCH
DEUTSCH
日本語
ドイツ語

Bildwörterbuch
1.500 nützliche Wörter für den Alltag
PONS
KROATISCH
DEUTSCH
HRVATSKI
NJEMAČKI

Bildwörterbuch
1.500 nützliche Wörter für den Alltag
PONS
NIEDERLÄNDISCH
DEUTSCH
NEDERLANDS
DUITS

Bildwörterbuch
1.500 nützliche Wörter für den Alltag
PONS
PASCHTO
DEUTSCH
الماني
پښتو

Bildwörterbuch
1.500 nützliche Wörter für den Alltag
PONS
PERSISCH
DEUTSCH
فارسی
آلمانی

Bildwörterbuch
1.500 nützliche Wörter für den Alltag
PONS
POLNISCH
DEUTSCH
POLSKI
NIEMIECKI

Bildwörterbuch
1.500 nützliche Wörter für den Alltag
PONS
PORTUGIESISCH
DEUTSCH
PORTUGUÊS
ALEMÃO

Bildwörterbuch
1.500 nützliche Wörter für den Alltag
PONS
RUMÄNISCH
DEUTSCH
ROMÂN
GERMANĂ

Bildwörterbuch
1.500 nützliche Wörter für den Alltag
PONS
RUSSISCH
DEUTSCH
РУССКИЙ
НЕМЕЦКИЙ

Bildwörterbuch
1.500 nützliche Wörter für den Alltag
PONS
SCHWEDISCH
DEUTSCH
SVENSKA
TYSKA

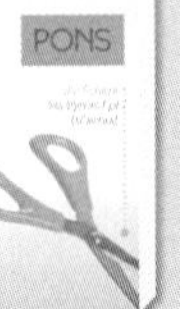
Bildwörterbuch
1.500 nützliche Wörter für den Alltag
PONS
SPANISCH
DEUTSCH
ESPAÑOL
ALEMÁN

Bildwörterbuch
1.500 nützliche Wörter für den Alltag
PONS
TÜRKISCH
DEUTSCH
TÜRKÇE
ALMANCA

Bildwörterbuch
1.500 nützliche Wörter für den Alltag
PONS
UNGARISCH
DEUTSCH
MAGYAR
NÉMET

PONS
Bildwörterbuch Niederländisch - Deutsch

Bearbeitet von: Drs. Hans Beelen

Entwickelt auf der Basis des PONS Bildwörterbuchs Niederländisch
ISBN 978-3-12-517985-1

Bearbeitet von: Drs. Hans Beelen, Anette Dralle, Georgina Moore, Gregor Vetter, Dr. Christiane Wirth

1. Auflage 2017 (1,01 - 2017)

www.pons.de
E-Mail: info@pons.de

Projektleitung: Helen Schmidt
Gestaltung: Petra Michel, Essen
Umschlaggestaltung: Anne Helbich, Stuttgart
Satz: Lumina Datamatics Ltd.
Umschlagfotos vorne, hinten: Shutterstock/Andrey Eremin, Shutterstock/Africa Studio
Logoüberarbeitung: Sabine Redlin, Ludwigsburg
Druck und Bindung: Publikum d.o.o.

ISBN: 978-3-12-516059-0